Chico Xavier
Inédito

*PSICOGRAFIAS AINDA
NÃO PUBLICADAS
1933-1954*

Série "Chico Xavier"
Eduardo Carvalho Monteiro

Chico Xavier
Inédito

*PSICOGRAFIAS AINDA
NÃO PUBLICADAS
1933-1954*

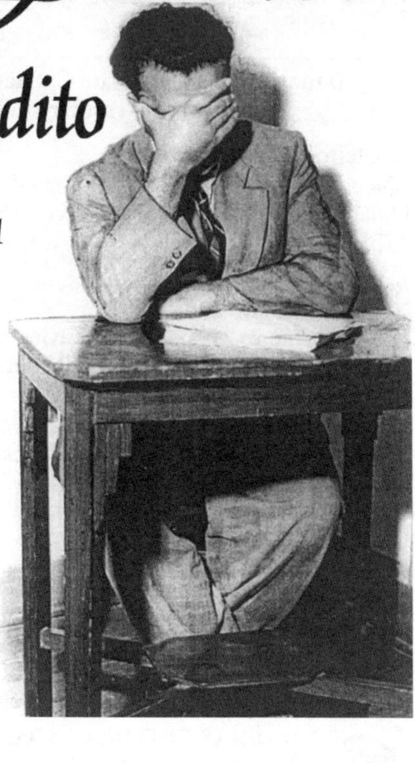

© 2016, Madras Editora Ltda.

Editor:
Wagner Veneziani Costa

Coordenador da Madras Espírita:
Eduardo Carvalho Monteiro

Produção e Capa:
Equipe Técnica Madras

Revisão:
Neuza Aparecida Rosa Alves
Miriam Rachel Ansarah Russo Terayama

Dados Internacionais de Catalogação na Publicação (CIP)
(Câmara Brasileira do Livro, SP, Brasil)

Monteiro, Eduardo Carvalho
Chico Xavier inédito: psicografias ainda não publicadas 1933-1954/ Eduardo Carvalho Monteiro. – 3. ed. – São Paulo: Madras, 2016. – (Série "Chico Xavier")

ISBN 978-85 370-0583-5

1. Espiritismo 2. Psicografia 3. Xavier, Francisco Cândido, 1910-2002 I. Título. II. Série.
10-03524 CDD-133.93

Índices para catálogo sistemático:
1. Xavier, Chico: Mensagens mediúnicas psicografadas: Espiritismo 133.93

Proibida a reprodução total ou parcial desta obra, de qualquer forma ou por qualquer meio eletrônico, mecânico, inclusive por meio de processos xerográficos, incluindo ainda o uso da internet, sem a permissão expressa da Madras Editora, na pessoa de seu editor (Lei nº 9.610, de 19.2.98).

Todos os direitos desta edição reservados pela

MADRAS EDITORA LTDA.
Rua Paulo Gonçalves, 88 – Santana
CEP: 02403-020 – São Paulo/SP
Caixa Postal: 12183 – CEP: 02013-970 – SP
Tel.: (11) 2281-5555 – Fax: (11) 2959-3090
www.madras.com.br

Sumário

Do Pó dos Arquivos 7
Ruy Barbosa e a Constituição de 1934 11
   Uma Vida Dedicada ao País 12
   Contemporâneo de Bezerra de Menezes 13
   Abolição e Reforma de Ensino 15
   Ruy Barbosa e a Mediunidade 16
   Estudou e conheceu o Espiritismo 17
   Ruy Barbosa e William Stead 19
   Ruy Barbosa e a Constituinte de 1934 22
   Ruy Barbosa e a Nova Constituição 24
Romaria da Graça 29
   Primeiro Contato 29
   A Visita 31
   Os Sonetos 37
   Opinião de Hermes Fontes sobre o Espiritismo 39
Os Espíritas e a Política 43
Chico Xavier e Maria Máximo 47
   Um Estímulo de Emmanuel 48
   Hino da Casa dos Pobres 49
   Pão da Vida 50
   Prefácio de Emmanuel 51

Nas Verdades do Evangelho...53
Súplica...55
Dedicado aos companheiros da Obra Cristã.......................56
Chico Xavier visita Juiz de Fora em 1942..............................61
　Mensagem de Eugênia Braga...62
　Mensagem de Venâncio Café...64
　Mensagem de Bezerra de Menezes.....................................66
Ao Irmão Vaz..71
Mensagens de Além-túmulo..77
　Mensagem de Eurípedes Barsanulfo..................................77
Chico Xavier visita Juiz de Fora em 1945..............................81
Lâmpada Acesa..85
Em nome do Evangelho...89
Tão Vital como o Trigo...93
Visita a Muriaé...97
Caravana da Fraternidade...101
　União..104
Tarefa de Unificação..105
Fala D. Meca, Mãe de Eurípedes Barsanulfo.....................109
União Evolucionista Cristã..115
Associação das Senhoras Cristãs de Jaú............................119
Relações Interplanetárias..121
Convicção do Espírito..125
Poesia e Saudades entre Dois Mundos..............................131

Do Pó dos Arquivos

Este título define exatamente o conteúdo deste livro de Chico Xavier. Fomos remexer no pó de vários arquivos para localizar mensagens psicografadas por ele e que jaziam quase sepultas em jornais e revistas das décadas de 1930 a 1950; em opúsculos vetustos, muito utilizados no passado para divulgação doutrinária; e em comunicações particulares ou dirigidas especificamente a trabalhadores de Casas Espíritas, já antigas nas décadas citadas.

Trata-se de um trabalho de garimpagem permanente que vimos realizando, em que utilizamos muito o acervo que reunimos ao longo dos anos, por isso não deve ser considerado um simples trabalho de compilação de mensagens, mas uma pesquisa que foi sendo realizada persistentemente, durante muito tempo, recolhendo nas gavetas de despejo de Centros Espíritas cinquentenários, ou até centenários, papéis, documentos, opúsculos "inservíveis" para as novas gerações, despreocupadas com a memória do Espiritismo.

Também serviu como fonte de pesquisa a Hemeroteca espírita, que vimos formando durante a tarefa que realizamos para a preservação de uma história do Espiritismo e que inclui preciosidades como a coleção quase completa da *Revista Reformador* e cerca de 60% dos jornais espíritas que circularam no século XIX, entre outras publicações.

Sendo assíduos frequentadores da casa e dos Centros em que trabalhou Chico Xavier, em Uberaba, desde a década de 1970, quando ainda prestava atendimento na Comunhão Espírita Cristã, é natural que, além da amizade formada com o médium mineiro, afeiçoássemo-nos à sua obra e, com o espírito de pesquisadores nos correndo pelas veias, tornássemo-nos estudiosos e pesquisadores dessa obra. Isso nos levou a ir colecionando ao longo dos anos centenas de reportagens, de escritos, de opúsculos, de fotografias, etc. sobre nosso ícone do Espiritismo mundial, que agora estamos trazendo à divulgação em livros da série "Chico Xavier".

Especificamente neste *Chico Xavier Inédito*, estamos publicando em livro inúmeras mensagens que nunca constaram da obra bibliográfica de Chico e que foram psicografadas entre 1933 e 1954. Longe de estarem desatualizadas, elas são atemporais, porque os ensinamentos trazidos pelos espíritos mentores são perenes e alguns portam conceitos de rara beleza e sabedoria e que não poderiam permanecer desconhecidos das gerações atuais e futuras e, como já nos referimos, sepultos no pó dos arquivos.

À excepcional obra bibliográfica de Chico Xavier, formada por quase 500 livros psicografados, cerca de trinta milhões de exemplares vendidos em várias idiomas, mais de uma centena de obras biográficas de vários autores falando de sua vida missionária e milhares de páginas escritas sobre si na imprensa, estamos acrescentando mais este volume, sem qualquer tipo de pretensão senão o de contribuir para que um pouquinho mais do rastro de Luz que ele deixou com sua passagem pela Terra também possa ser colocada acima do alqueire.

Por ser um trabalho de resgate de antigas comunicações psicográficas inéditas de Francisco Cândido Xavier, é natural que cada uma delas tenha sua história, refira-se a um determinado episódio, viagem do Chico ou acontecimento espírita de alguma importância, por isso acrescentamos comentários e desenvolvemos o assunto de muitas delas, tendo a preocupação de ilustrar os capítulos também com fotos antigas do movimento espírita, igualmente históricas e a maioria nunca publicadas e, portanto, desconhecidas da geração atual.

Por fim, gostaríamos de chamar a atenção dos pesquisadores para que atentassem aos grandes tesouros que permanecem escondidos nas páginas do *Reformador*, de *A Centelha* e outros órgãos da imprensa espírita, mas que pedem aos mais pacientes que os descubram. Tome-se, por exemplo, o capítulo "Romaria das Graças", que descreve a primeira viagem de Chico para o Rio de Janeiro/RJ. Apesar da linguagem castiça de seu autor (não citado), imprópria para o jornalismo atual e, cremos, da época também, é de um valor histórico incalculável e nunca citado nas biografias do médium que já tivemos contato. É o caso das comunicações inéditas de Eurípedes Barsanulfo, de Bezerra de Menezes, e de outros Espíritos luminares que precisavam ser imortalizadas por meio do livro, enriquecendo a bibliografia mediúnica de Chico Xavier.

Eduardo Carvalho Monteiro

Ruy Barbosa e a Constituição de 1934

Em três ocasiões, o espírito de Ruy Barbosa serviu-se do abençoado lápis mediúnico de Chico Xavier para continuar ilustrando a literatura brasileira com seu pensamento prodigioso. Em uma delas, exaltando o solo pátrio, como sempre fez em vida, com seu português castiço, irrepreensível na ortografia e altamente criativo, ele transmite a "Oração ao Brasil" que Chico, excelente canal mediúnico, capta com perfeição. Em outra, constante do livro *O Espírito da Verdade*, Ruy brinda-nos com "Prece aos Filhos". Nela, ressalta-se não só a importância do conteúdo das mensagens, mas o fator distintivo entre médium e espírito.

Ruy, em vida, preparadíssimo em seus estudos, poliglota e dono de vastíssima cultura, enquanto que o médium mineiro, sem oportunidade de estudar em sua presente encarnação, mal concluiu o curso primário.

Ruy Barbosa (jovem)

A oração de Ruy Barbosa encontra-se no livro "*Falando a Terra*", editada pela Federação Espírita Brasileira. Antes, porém, ele já havia se utilizado da mediunidade de Chico Xavier para trazer sua opinião sobre a Constituição de 1934, como veremos adiante.

UMA VIDA DEDICADA AO PAÍS

Ruy Barbosa nasceu em Salvador, Bahia, em 5 de novembro de 1849, filho de João Barbosa de Oliveira, médico e político, e de Maria Adélia Barbosa de Oliveira.

Em 1861, ingressa no Ginásio Baiano, em que, em 1865, pronuncia aplaudido discurso na cerimônia de encerramento das aulas.

Com 16 anos matricula-se na Faculdade de Direito de Recife, e, em 1868, transfere-se para a Faculdade de Direito de São Paulo, onde estreia na imprensa e ingressa na Sociedade Literária e Política "Ateneu Paulistano", na qual assumirá a presidência no ano seguinte.

Aos 20 anos propõe e participa da criação do Jornal *Radical Paulistano,* em que publica seu primeiro artigo abolicionista . "A emancipação progride." Assim inicia sua vida pública sempre privilegiando a luta pelos princípios da justiça, da liberdade, da cidadania e da legalidade.

Em 1º de julho de 1869 é iniciado na Loja América de São Paulo que, na época, pertencia ao Grande Oriente dos Beneditinos, de Saldanha Marinho, dissidência do Grande Oriente do Brasil. A 4 de

Ruy Barbosa e a esposa

abril de 1870, ele apresenta à Loja um projeto abolicionista propondo educação popular e libertação de crianças do sexo feminino nascidas de escravos pertencentes a maçons. Diplomado bacharel em Direito em 1870, ele regressa à Bahia, onde inicia a carreira de advogado no escritório do Conselheiro Dantas e de Pedro Leão Veloso em 1872. Também passa a colaborar no *Diário da Bahia,* no qual assume o cargo de redator-chefe.

Consorcia-se com Maria Augusta Viana Bandeira em 1876, elege-se deputado provincial na Bahia e, no fim do ano, deputado-geral para a Câmara do Império, transferindo-se para o Rio de Janeiro.

Digno registro em 1880 é sua redação ao projeto de reforma conhecida como "Lei Saraiva", que substitui o sistema então vigente de eleições indiretas pelo voto direto.

CONTEMPORÂNEO DE BEZERRA DE MENEZES

Polêmica entre Ruy e Ferreira de Araújo vista pelo caricaturista Agostini.

O eminente confrade Freitas Nobre, também Deputado Federal, teve a oportunidade de pesquisar e manusear inúmeros documentos retratando ora debates, ora defesas de uma mesma tese de Ruy Barbosa e Bezerra de Menezes, o grande ícone do movimento espírita brasileiro, contemporâneo naquela Casa Legislativa. As brilhantes pesquisas de Freitas Nobre sobre a atuação de Bezerra na Câmara Federal foram reunidas no volume *Perfis Parlamentares* – Bezerra de Menezes, que infelizmente não circula no meio espírita, mas que retrata a faceta política da biografia de Bezerra. Na sessão de 1º de outubro de 1879, defrontaram-se em ideias durante debate sobre a *Secularização dos Cemitérios e a Liberdade Religiosa.* Eis um trecho do debate para aguçar nossa curiosidade e para remeter nosso pensamento a gloriosos tempos em que, entre os representantes do povo, podia se contar com homens da estirpe de Ruy Barbosa, de Bezerra de

Menezes, de Saldanha Marinho, de Joaquim Nabuco, de Bittencourt Sampaio, de Afonso Celso, de Joaquim Manoel de Macedo e outros. Note-se que Bezerra ainda não tinha se convertido ao Espiritismo.
"(...)
O Sr. Ruy Barbosa – O nobre deputado é que prega a indiferença da religião.
O Sr. Bezerra de Menezes – Protesto, eu estou falando acidentalmente da influência da religião sobre a constituição e sobre a marcha das sociedades, e não estou discutindo religião.
Não quero pregar o indiferentismo quando o combato francamente e quando tenho a coragem de declarar que sou católico apostólico romano.
O Sr. Monte – É preciso mesmo ter coragem para fazer esta declaração.
O Sr. Bezerra de Menezes – Eu a tenho.
O Sr. Ruy Barbosa – Mas não há perseguição contra a Igreja Católica.
O Sr. Bezerra de Menezes – Vimos ainda há pouco o modo como a Câmara riu à custa de um deputado por ter falado em religião; e o nobre deputado sabe que a perseguição pelo ridículo é a que mais se teme.
Se, antes da cruz, Sr. Presidente, nos tempos mesmo pré-históricos, já se tinha estabelecido, era opinião dos sábios que sem religião não é possível sociedade, depois da cruz, nenhum espírito cultivado pensará diversamente.
O Sr. Ruy Barbosa – Muitos pensam de modo contrário e são espíritos cultivados.
O Sr. Bezerra de Menezes – Da filosofia cristã é que nasceu a civilização do século que se preza em ser denominado século

Casa onde nasceu Ruy Barbosa, na Bahia (Tela de José Maria de Almeida).

das luzes; e esse fato é quanto basta para confirmar a minha asserção impugnada pelo nobre deputado e para informar a opinião que incompatibiliza a liberdade com a religião.
(...)"

ABOLIÇÃO E REFORMA DE ENSINO

Se a Abolição da Escravatura foi uma das primeiras causas a mobilizar o grande jurista e estadista brasileiro, acabou também se tornando uma das mais polêmicas de sua biografia.

Ruy foi acusado de mandar destruir os documentos então existentes sobre a escravidão, logo após a Proclamação da República, em 1889, quando foi nomeado Vice-Chefe do Governo Provisório e Ministro da Fazenda, tendo por motivação impedir processos de indenização dos ex-senhores de escravos.

Anos antes, em 1882, Ruy Barbosa havia sido o autor do Projeto de Lei sobre a emancipação progressiva dos escravos, conhecido como "Projeto Dantas", tendo sido rejeitado por conceder liberdade aos sexagenários sem indenizar os senhores de escravos, um procedimento que talvez explique sua atitude posterior.

Sua primeira ação efetiva em prol do ensino deu-se em 1882 com o parecer e projeto de reforma do ensino secundário e do superior e, ainda nesse ano, do ensino primário, revelando-se precursor da obrigatoriedade da educação física e musical, assim como do ensino do desenho e trabalhos manuais. Foram palavras de seu discurso: *A nosso ver, a chave misteriosa das desgraças que nos afligem é esta e só esta: a ignorância popular, mãe da servilidade e da miséria.*

Em 1884, recebe de D. Pedro II o título de Conselheiro; em 1890, redige o texto definitivo da Constituição Republicana e, no ano seguinte, do Governo Provisório. Sua oposição ao presidente

Ruy Barbosa (assinalado) na conferência de Haia

Floriano Peixoto leva-o ao exílio na Inglaterra, em 1893, e, na Europa, é o pioneiro na defesa do capitão Dreyfus, vítima de erro judiciário. Dois anos depois volta ao Brasil, sem nunca ter abandonado suas colaborações na imprensa, sua principal trincheira nas lutas que travava em prol de um Brasil melhor. Atento às questões de seu tempo, Ruy Barbosa empenhou-se sempre em ampliar a visão que o Brasil tinha de si mesmo, razão maior de suas lutas.

Ruy Barbosa e a Mediunidade

Em 1897, ingressou na Academia Brasileira de Letras como membro fundador, em que mais tarde substituiu Machado de Assis na Presidência.

O ano 1907 marca o ápice de sua carreira pública, quando é nomeado embaixador extraordinário e plenipotenciário para a Conferência da Paz em Haia, Holanda, a maior assembleia diplomática internacional até então realizada, e na qual ganhou merecidamente o título de "Águia de Haia" por seu histórico discurso. Recordando-se desse dia, ele mesmo se confessou tomado de uma estranha força exterior: *As forças, a coragem, a resolução me vieram não sei de onde. Vi-me de pé, com a palavra nos lábios.* Caro Ruy, se conhecesses à época o fenômeno mediúnico...

Mais tarde, em 1921, no célebre discurso de Ruy lido por Reynaldo Porchat, em razão da doença do patrono da turma daquele ano da Faculdade de Direito de São Paulo, e que é conhecido como *Oração aos Moços*, foi o mais claro ao admitir o diálogo entre os dois mundos – o corpóreo e o incorpóreo, tendo afirmado: *A maior de quantas distâncias logre a imaginação conceber, é a da morte; e nem esta separa entre si os*

Caricatura de Ruy Barbosa segundo Mendez

que a terrível afastadora de homens arrebatou aos braços uns dos outros. Quantas vezes não entrevemos nesse fundo obscuro e remotíssimo, uma imagem cara? (...) Quantas outras, não somos nós os que vamos chamar esses leais companheiros de além-mundo, e com eles renovar a prática interrompida, ou instar com eles por um alvitre, em vão buscado, uma palavra, um movimento do rosto, um gesto, uma réstia de luz, um traço do que por lá se sabe, e aqui se ignora? Quem pode negar que neste texto Ruy não faz uma apologia da vida pós-morte e da presença dos Invisíveis junto de nós?

Em 1º de outubro de 1908, Ruy saúda Machado de Assis quando o corpo deste partia para o sepulcro, saindo da sede da Academia Brasileira de Letras, que fundara: *Mestre e companheiro, disse eu que nós íamos nos despedir. Mas disse mal. A morte não extingue, transforma; não aniquila, renova; não divorcia, aproxima.*

Em 1909, candidata-se à Presidência da República em oposição ao Marechal Hermes da Fonseca, iniciando a campanha civilista, sendo a primeira vez que uma campanha política ganhou as ruas e os eleitores participaram dos comícios.

Candidata-se novamente à Presidência em 1919, divulgando plataforma com avançado plano de reformas para o país em que se destaca a questão social, mas é derrotado por Epitácio Pessoa.

Em 1923, Ruy Barbosa desencarna no Rio de Janeiro e é enterrado com honras de Chefe de Estado.

Retrato de Ruy Barbosa

Estudou e conheceu o Espiritismo

A obra *Os Simples e os Sábios*, de Pedro Granja, traz uma relação de livros de Espiritismo e Metapsíquica constantes da Biblioteca de Ruy Barbosa, *devidamente lidos, anotados e marcados a traços vermelhos, provando que o jurista interessou-se por conhecer o Espiritismo e as pesquisas científicas realizadas em torno dele.* Vamos conhecê-la:

1º) Sir William Crookes, da Real Sociedade de Londres – *Les Nouvelles*

Expériences sur la Force Psysique, tendo por subtítulo: "*Recherches Sur les Phénomenes du Spiritualisme*", cujo fichário registra duas edições G-10 – 178, nº 1 (sem data) e B – 10. 3. 29 (de 1897).

2º) Professor Sir Oliver Lodge, catedrático de Física da Universidade de Liverpool:
- "*Raymond or Life and death*" (B-2.25, 17)
- "*Survival of man*" (B-2, 4, 23)
- "*The proofs of Life After Death*" (I-8, 4, 27)
- "*La Vie et la Matiére*" – tradução J. Maxwell (I-5, 2, 6)

3º) Professor Alexandre Aksakoff, catedrático da Universidade de São Petesburgo – "*Animisme et Spiritisme*", tradução de Berchold Sandow (B-2, 3, 21).

4º) Professor Ernesto Bozzano, catedrático da Universidade de Turim; "*Les Phénomènes de Hantises*", tradução de César de Vesme. (E-10, h 42).

5º) Professor Frederico Myers, catedrático da Universidade de Cambridge – "*Les Hallucinations Télepatiques*" (B-2, 3, 20).

6º) Sir Arthur Conan Doyle – "*The New Revelation*" (L-9, 3, 31).

7º) Léon Denis – "*Le Probléme de l'Etre, du Destiné et de la Douleur*" (B-7, 2).

8º) Sir Alfred Russel Wallace, Presidente da Sociedade Inglesa de Antropologia: "*La Place de l'Homme dans l'Universe*".

9º) Camille Flammarion , astrônomo francês:
- "*Dieu dans la Nature*";
- "*L'Homme et les Problèmes Psychiques*";
- "*La Mort e Son Mystère*";
- "*Recits de l'Infinit*";
- "*Uranie*";
- "*Autour de la Mort*" (I-4, 1, 25)

Assinalados por Ruy, com tinta vermelha, os seguintes trechos de "*Autour de la Mort*" (I-4, I, 25):

"Toute ces faits sont constatés aujoud'hui avec certitude irrecusable."

(Capítulo – "Les Doubles de Vivants", p. 41) R. mais além na p.55 quando fala Madame Milman, a respeito das bilocações:

"Je suis affligé d'une autre moi même qu'en recôntre où je ne suis pás."

10º) Professor Charles Richet, catedrático da Universidade de Paris "*Traité de Métapsychique*" – edição de 1922 (G-1, f, 16). Vamos encontrar suas pegadas até a página 401 e nas conclusões, páginas 757 a 793. Tendo falecido a 1º de março de 1923, podemos deduzir que o livro de Charles Richet foi um dos últimos que Ruy Barbosa apreciou a leitura.

RUY BARBOSA E WILLIAM STEAD

Willian Stead

Durante a Conferência de Haia, Ruy Barbosa conheceu o emérito jornalista inglês William Stead (1849-1912), falecido no naufrágio do Titanic, quando cobria jornalisticamente sua viagem inaugural.

Stead, considerado "O Rei dos Jornalistas", era médium e deixou um livro psicografado: "Cartas de Júlia".

Em 1895, respondendo ao jornal *Morning Adversitiser*, de Nova York, declarou: *Só o eterno pode afirmar ou negar a imortalidade. Se vos compreendo bem, não se trata aqui da imortalidade da alma, mas sim da persistência da entidade que se manifestava durante a sua vida terrena. Aí está uma questão muito mais simples, a que posso responder sem hesitar e sem receio.*

Eu não seria verdadeiro, se dissesse que creio na persistência do indivíduo, após a morte, por ter observado fenômenos espíritas; muito tempo antes eu aceitava esse fato. Submeti, depois, a minha crença à prova de uma demonstração experimental. E se outrora dizia: "Eu creio", hoje digo, "Eu sei". Não há grande diferença?

* * *

Provando que a morte não separa aqueles que têm laços afetivos, William Stead manifesta-se, em sessão mediúnica, dirigindo-se a Ruy Barbosa.

Retrato Autografado

Do Professor Ataliba Nogueira, na brilhante conferência intitulada "Ruy Barbosa em Campinas" publicada no *Jornal do Commercio*, de 8 de novembro de 1949, extraímos o fato:

Ainda na aprazível estância hidromineral, ocorreu fato curioso recordado pelos íntimos com acento de graça. Estava em voga, àquele tempo, uma espécie de distração, à noite, de modo algum consoante com as leis religiosas, porém que as Senhoras praticavam como se fosse inocente jogo de damas.

Consistia em colocar uma mesinha de três pés num grande círculo de papelão com as letras do alfabeto escritas uma a uma em recorte dentado.

Lalá, Úrsula, Carlota, Baby, Ruy Barbosa e a filha de um redator do *Jornal do Comércio* do Rio sentaram-se em redor da mesa e colocaram a ponta dos dedos sobre um cálice que, por ação misteriosa – segundo diziam – passava ante esta e aquela letra. Alguém ia anotando as letras em um papel. Formavam-se, assim, palavras e frases, avidamente lidas pelos circunstantes.

Resta lembrar que tudo corresponde às perguntas formuladas por alguma das moças presentes, quase todas versando sobre qual delas se casaria primeiro, as iniciais do noivo, seus traços fisionômicos, se era louro ou moreno, se era solteiro ou viúvo, fazendeiro ou não. No geral, as respostas provocavam mais risos, gargalhadas e comentários alegres.

Certa noite, porém, Batista Pereira, que assistia a "sessão" de pé, disse que o cálice estava denotando alguma inquietação, manifestando com isto ter de revelar algum segredo. Sentou-se à mesa e também colocou a ponta do dedo sobre o cálice de cristal, o qual, de maneira rápida, começou a percorrer o alfabeto, com algo de nervosismo por parte das moças e senhoras que participaram da operação. Ao lado, outra moça apontava letra por letra, dizendo nada entender, porém, várias vezes havia o nome de Ruy no apanhado gráfico.

O Conselheiro já se havia recolhido muito cedo, feito a leitura dos jornais de São Paulo, que chegavam após o jantar.

Terminado o escrito, verificou-se que era uma mensagem em inglês, dirigida por algum "espírito" ao ilustre hóspede. Ficaram todos estarrecidos e, diante da indecisão geral, Batista Pereira opinou que deveriam levá-la incontinenti a Ruy.

Batem à porta, o Conselheiro de pijama recebe o papel e fica emocionado: *É o estilo dele, o estilo perfeito! E o assunto! O mesmo que conversamos em nossa despedida em Haia. Mas, é possível... Trata-se de William Stead* – explica Ruy – *o meu amigo e grande jornalista inglês, cuja morte os periódicos noticiam, hoje, no afundamento do navio Titanic. E ele acreditava nestas histórias de Espiritismo!*

Ruy estudando

William Stead perdeu seu corpo no naufrágio, mas no seu Espírito não deixou o cacoete de repórter. Ele volta do Além através do conduto abençoado da mediunidade para descrever os últimos momentos vividos dentro do Titanic:

"O navio, cujo tombadilho estava adernando como o telhado duma casa, submergia. Um só lamento escapava-se de mil bocas, quando a água nos tragou. Enorme era a massa de homens, mulheres e crianças que se debatia nas águas geladas. Subitamente o rosto de uma criança passou a pequena distância de mim.Tentei agarrá-la, porém, em vão, e mesmo se eu conseguisse segurá-la, a salvação seria impossível. Ouvimos desesperadamente gritos de socorro, orações e gemidos dolorosos. Senti frio e meus pés estavam entorpecidos. A água salgada entrava-me pelos olhos, ouvidos e garganta. Houve então uma desagradável sensação de asfixia e afundei...Toda a história de minha vida atravessou minha mente em figuras vívidas. Porém, de novo surgi livre, com enorme sensação de paz e bem-estar. Doces acordes musicais soavam nos meus ouvidos e eu vislumbrava cenários encantadores. Parecia-me repousar em um leito verde e macio, entre rosas e lírios. Desejei dormir. Fechei os olhos e caí em doce esquecimento.

Despertei como se saísse de um sono com forças renovadas. Junto a mim vi um rosto afetuoso e reconheci minha amiga espiritual,

Julia Ames, com quem eu estivera em longas comunicações mediúnicas, quando eu estava sobre a Terra, e com ela estava meu filho mais velho, cuja morte, para mim, fora um golpe tão rude. Graças a meus longos estudos de fenomenologia espírita, eu estava em melhor situação do que a maioria dos náufragos que morreram ignorando, pois, sem demora, inteirei-me da mudança. Eu estava bem preparado para a nova vida, pois nela eu ingressava com conhecimentos valiosos. Não posso transmitir aos amigos uma descrição exata do meu estado de recém-nascido.

Supondo que estais continuando a existir nesse Universo, dotados de sentidos capazes de perceber o pano de existência mais rarefeito e invisível; o plano de quarta dimensão em que podemos ver através dos sólidos, lobrigar as auras que circundam homens e flores; um mundo em que podemos ouvir sons além dos limites de ouvidos humanos, como os murmúrios musicais das gramíneas, onde percebemos as cores infra e supra do espectro. Imaginai isto e tereis uma pálida noção do meu estado quando despertei do sono transformador, a que os homens costumam denominar morte." (médium não citado)

Assim foi a passagem de W. T. Stead, cuja morte o mundo lamentou como uma perda irreparável. Alguns anos depois irrompeu a Grande Guerra e foi seu Espírito que organizou o formidável grupo de homens e mulheres que, pairando sobre os campos de batalha, iam encontrar os que morriam nos horrores da guerra.

Ruy Barbosa e a Constituinte de 1934

Francisco Cândido Xavier, cujo mandato mediúnico de 75 anos, sem nenhuma mancha sequer, produziu quase 500 obras de valor cultural e espiritual incalculável, além de sua liderança ter inspirado centenas de obras assistenciais espalhadas pelo Brasil, teve sua mediunidade marcada por fases, segundo nossa avaliação.

Assim, vemos que nos primeiros anos de sua carreira mediúnica, os Espíritos aceitavam responder quase todo tipo de pergunta através do médium, inclusive sobre a situação política do país. Caracterizando bem essa fase, temos o livro *"Palavras do Infinito"*, o terceiro de Chico e que enfoca assuntos políticos, sociais e econômicos, e a série de reportagens publicadas pelo Jornal *"O GLOBO"* do Rio de Janeiro, que enviou o repórter Clementino de Alencar para passar

Ruy recebendo uma homenagem

um mês com o médium em sua cidade natal, Pedro Leopoldo. Além dessas duas publicações marcantes, Chico respondia a perguntas esparsas em entrevistas ou dava à publicidade algumas mensagens transmitidas pelos espíritos atentos à política nacional.

Não demorou muito, contudo, essa fase de Chico Xavier. Orientado por seus mentores espirituais, Chico passou a evitar essas abordagens para não prejudicar a essência de sua tarefa, que era a de trazer a lume obras complementares à Codificação Kardequiana.

Em 1932, o Brasil espantou-se quando aquele jovem caixeiro semianalfabeto, devidamente avalizado pela Federação Espírita Brasileira, publicou a obra *"Parnaso d'Além-Túmulo"*, com poesias psicografadas por consagrados poetas desencarnados nos seus mais puros e distintos estilos.

Em 1933, Fred Figner, dedicado colaborador da FEB, pediu a Chico que tentasse evocar o Espírito de Ruy Barbosa para que se manifestasse sobre a situação política do Brasil pois, certamente, patriota que era, deveria estar atento, do Plano Espiritual, aos acontecimentos nacionais.

No fim de 1929, o assassínio de um deputado da maioria por outro da minoria, no próprio recinto da Assembleia, dava início a uma série de violências que geraram outras em quase todo o país. Em outubro de 1930, estala a Revolução que vai ocasionar a tomada do poder por Getúlio Vargas e é dissolvido o Congresso. No começo, tudo era entusiasmo, e o povo apoiava o novo governo, mas logo irrompem novas insurreições, notadamente em São Paulo.

Em 15 de novembro de 1933, reuniram-se 250 deputados eleitos pelo povo e 50 pelas representações de classe, os quais deram início à elaboração de uma nova Constituição Republicana que seria promulgada em 16 de julho de 1934.

Antecedendo a esse período é que ocorre a manifestação de Ruy Barbosa pela mediunidade abençoada de Chico Xavier, ele que houvera redigido a anterior, em 1891, e revelou-se preocupado que não se perdessem as conquistas de liberdade, de cidadania e de justiça da anterior.

A mensagem do Espírito de Ruy Barbosa, conquanto histórica e importante, só havia sido publicada anteriormente na forma de um opúsculo pela FEB sem qualquer outra informação sobre o momento vivido pela nação, Ruy Barbosa ou Chico Xavier, que o fazemos aqui por acreditarmos ainda válido o conteúdo e o registro histórico. Pode-se dizer que o opúsculo "Ruy e a Nova Constituição" circulou entre pequeno público e somente nos anos de sua distribuição (1933 e 1934).

Ruy Barbosa e a Nova Constituição

O Momento Político-Social
Opinião do Espírito de Ruy Barbosa

Desejando de alguma forma contribuir para a solução do problema constitucional, pedi ao médium Sr. Francisco C. Xavier, de Pedro Leopoldo, Minas, o transmissor dos versos do *"Parnaso de Além-Túmulo"*, que procurasse obter do Espírito de Ruy Barbosa a sua valiosa opinião sobre o momento político.

Eis a resposta que se dignou a dar:

Não fosse solicitado a falar sobre a situação política do Brasil, eu me consideraria infenso a quaisquer opiniões de ordem pessoal sobre a atualidade brasileira, não só reconhecendo os imprescritíveis direitos do arbítrio individual e coletivo como pela transcendência das circunstâncias em que o meu pensamento seria conhecido.

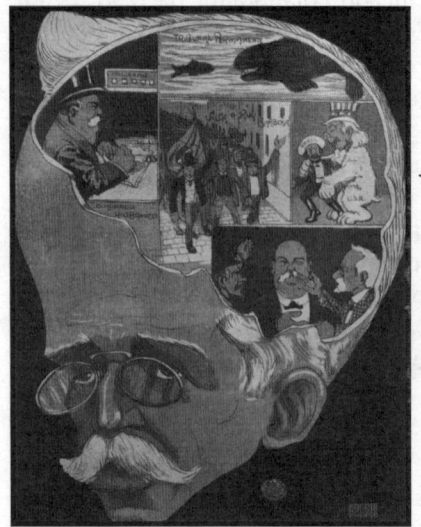

Dentro da cabeça de Rui Barbosa, segundo a revista "O Malho"

A morte, dilatando o prisma da nossa visão, traz-nos um certo desinteresse pelo plano terreno, fragmentário, minúsculo, em confronto com a universalidade de todas as coisas, homogênea em si, causa mater *de toda a vida, fonte original de tudo que, manifestando-se através da maleabilidade da matéria e guardando, embora, a luz ignota das origens, apresenta o caráter de uma heterogeneidade fictícia e perfunctória. A grandiosidade inconcebível das parcelas do Todo e, como as partes são regidas pelas mesmas leis imutáveis que presidem ao conjunto, somos levados a uma relativa despersonalização, em benefício da inevitável concepção universalista, que subsistem em nossa individualidade as ideias de egotismo prejudicial que não se justifica.*

Fred Figner (o mais alto) que solicitou a consulta a Ruy Barbosa, e Guillon Ribeiro, ex-Presidente da FEB. (foto de 1919, acervo da FEB).

É inegável que o Brasil atravessa um dos períodos mais críticos da sua vida como nacionalidade. País novo, não se achava indene de contagiar-se do sopro das reformas em seus paroxismos, que agita as coletividades do Velho Mundo, assoberbadas pelas dificuldades intestinas que lhes têm dizimado as energias revigoradoras. O erro da política brasileira, porém, está em não reconhecer a profunda diversidade dos métodos psicológicos a serem aplicados ao nosso povo e aos do mundo europeu. Ali a crise destruidora deve seus efeitos a causas múltiplas e indeclináveis; o estado semianárquico da vida do Brasil é oriundo da escassez de valores morais.

É inútil hodiernamente qualquer mudança nos processos governamentais e, em vésperas da nova Constituinte, torna-se oportuno recordar aos que se propõem outorgar outra Carta à Nação que, o menor atentado às liberdades públicas, sancionadas dentro das normas do mais estrito direito na Constituição de 91, seria um erro perpetrado na mais irrefragável ilegalidade, perante as correntes evolucionistas mantenedoras da ordem e do progresso. Excetuando-se algumas inovações de caráter subsessivo, toda supressão das conquistas jurídicas, efetuadas no mais sadio dos liberalismos como expressão singular de civismo, estabelecendo as diretrizes superiores da nacionalidade, implica um retrocesso injustificável.

A adaptação, aqui, dos processos políticos praticados largamente na Europa moderna seriam de eficácia irrisória. No Brasil, os problemas são outros.

Embora prematuro todo julgamento que se faz das últimas sublevações brasileiras, podem descobrir os seus fatores primaciais na política compreensiva, despótica e subornadora posta em prática nestes últimos anos; foram uma consequência lógica dos abusos da máquina eleitoral, a constituírem os maiores escândalos da República, vexatórios às suas doutrinas de liberdade e igualdade.

Retrato de Ruy Barbosa por Luiz Goulart

Quando me refiro à liberdade, é obvio que subordino à lei soberana da relatividade: todavia, a visão retrospectiva dos acontecimentos nos demonstrou que, se o ideal republicano de 89, que inflamava a alma brasileira depois da vitoriosa campanha abolicionista, compelia o povo à justa compreensão dos seus direitos e deveres eliminando os preconceitos factícios da autocracia abominável do regime monárquico, os continuadores das ideias libertárias e progressivas não se mantiveram no nível dos seus compromissos e responsabilidades. Refratários à corrente purificadora dos pensamentos republicanos, criaram o falso conceito de facção política e, com um partidarismo, ominoso, fomentaram a oligarquia devastadora.

A Constituição de 1891 não falhou no Brasil; está de pé, como síntese admirável das vibrações do entusiasmo de um povo pelo direito incorrupto, imprescritível. Os seus homens públicos é que faltaram lamentavelmente aos seus magnos deveres de condutores, sobrepondo aos altos interesses do povo, o egoísmo da personalidade, incentivando abusos, criando ódios partidários, olvidando a justiça, coadjuvados por uma imprensa quase sempre mercenária, oportunista, levando o país ao caminho da franca falência moral, sem que se justifiquem tamanhos descalabros. Enquanto a política pessoal tem em medrar no Brasil a oligarquia, alguns Estados hão disputado egoisticamente a hegemonia da nacionalidade, a par de outros submersos na miséria e no analfabetismo; entretanto, os brasileiros não desconhecem seus deveres de coesão em torno da unificação nacional.

A bancarrota dos indivíduos teria de conduzir fatalmente a nação aos últimos acontecimentos. A fase atual é de transição e reclama insistentemente o valor intrínseco de cada um. O momento não é de parenética nociva, de verbosidade estéril, mas de atos concludentes sinceros.

Cogita-se de movimentos visceralmente renovadores. É necessário, contudo, uma profunda acuidade analítica na concepção dessas reformas que se fazem precisas, a fim de que não redundem em fórmulas desastrosas. Medidas têm sido tomadas e elaboradas que requerem indispensáveis restrições na sua aplicação, refreando-lhes a expansão abusiva e claudicante.

Nesse ambiente, porém, atordoador, caótico, o perigo iminente é a intromissão da corrente clerical na política situacionista tentando lesar o patrimônio da pátria no que ela tem de mais respeitável, a liberdade das consciências, lídima aquisição do direito inviolável.

A Igreja livre dentro do Estado livre, fórmula outorgada ao país pelos republicanos de 1891, conciliadora, compatível com a evolução

Cerimônia cívico-religiosa no féretro de Ruy Barbosa

da mentalidade moderna, não pode ser desrespeitada sem graves resultados para a vida coletiva do núcleo brasileiro.

Depois de verificada a eliminação do jugo papista, como necessidade internacional, cessadas as lutas fraticidas, filhas do fanatismo, cujo sangue ainda está quente na história dos países que oficializaram a religião, cerrar os olhos à sede megalomaníaca da pretensa infalibilidade romanista é ação criminosa, condenável.

Infelizmente, houve no Brasil incompreensão dos seus orientadores de 89; não é lícito, entretanto, que se lhes torça o pensamento superior sem reações perturbadoras e deploráveis.

Destruir a laicidade do Estado nos mínimos departamentos que lhe são afetos é uma deliberação atentatória de todas as conquistas liberais do povo brasileiro, que comina a revolta como efeito natural e incoercível. A submissão à máquina política de Roma, cujas manobras se revestem da mais refinada hipocrisia, é um escândalo inqualificável, indicador do retrocesso de toda uma nacionalidade, a buscar o passado obscuro, para o colocar no porvir, que pertence ao progresso por uma questão racional de justiça.

Que Deus inspire aos novos constituintes as noções de seus austeros deveres, a fim de que não sufoquem arbitrariamente as prerrogativas naturais do Direito, que jamais se posterga impunemente, outorgando à pátria um código perfeito, de acordo com as necessidades internas e com as exigências da civilização em seu justo sentido.

Calando-me aqui, por falta de imanência comprobatória das minhas palavras, desejo ao Brasil um período próspero de tranquilidade, anelando a paz coletiva para todos os seus filhos. Ruy

Fontes: *Escritores e Fantasmas*, Jorge Rizzini; *Revista Ilustração Brasileira* nº 1175, novembro de 1949; *Os Simples e os Sábios*, de Pedro Granja; *A Maçonaria e o Movimento Republicano*, José Castellani; *Revista Internacional do Espiritismo*, 1/6/1938; *Enciclopédia Barsa* volume 3; *O Estado de São Paulo*, 15/5/1999; *Notícias de Ruy Barbosa, um Brasileiro Legal*, Emporium Brasilis, Memória e Produção Cultural; *Ilustração Brasileira*, novembro de 1949, Editor Pedro Calmon.

ROMARIA DA GRAÇA

A *Revista Reformador*, em seus cento e vinte anos de existência completados esse ano (2003), guarda tesouros incalculáveis, hibernando até que um pesquisador indiscreto os traga novamente à luz do dia para serem admirados e reverenciados por outras gerações.

É o caso desta primeira viagem realizada por Chico Xavier ao Rio de Janeiro relatada por Manoel Quintão na sua coluna "Casos e Coisas", de 1º de julho de 1936, subtítulo "Francisco Xavier no Rio", e que reproduzimos aqui em parte. Ao final, o artigo traz duas poesias e uma comunicação em prosa psicografadas por Chico, nunca publicadas em livro, mas que merecem ser conhecidas pela geração atual.

Primeiro Contato

Em 1929, ninguém conhecia no Rio de Janeiro o nome de Francisco Cândido Xavier. Talvez algum curioso o houvesse lido em páginas do *Clarim*, da *Aurora* ou mesmo do *Reformador*, mas, o certo é que, sem cunho de maior relevância, que permitisse fixá-lo ou defini-lo, doutrinária ou literariamente falando.

Eis senão quando, nosso confrade M. Quintão, recebeu do médium um punhado de originais e uma carta sugestivamente carinhosa

Manoel Quintão e V. Alves Cardoso, também Diretor da FEB (Foto de 1919, Acervo da FEB).

e singela, na qual lhe pedia o signatário que examinasse a produção e dissesse de sua possível identificação autoral.

O confrade Quintão, em que pese sua modéstia e afrontando mesmo a dúvida e a contradita de muitos irmãos, que vivem agora a exaltar as joias do *Parnaso de Além-Túmulo,* não vacilou em lhe aceitar o teor da originalidade e a probidade moral daquele que as veiculava, sem o conhecer pessoalmente ou sequer às sabendas.

Daí, de sua lealdade e franqueza, o pedido insistente daquele prefácio na obra maravilhosa, lá, com justiça, proclamada a mais extraordinária no gênero, até agora recebida.

Daí, também, a sua maior intimidade com o médium, mercê de frequente correspondência epistolar.

Lançado *O Parnaso,* foi ele criticado, discutido, ou rejeitado, ou aplaudido, tudo em linha de conta, como devia ser, e o prefaciador houve de ir à ribalta, várias vezes, para defender os autores, o médium, o seu ponto de vista. Desse modo fascinante, Humberto de Campos, que agora estarrece milhares de almas com suas crônicas do Outro Mundo, conseguiu que o companheiro viesse ele retificar, no proêmio do 2º, a crítica que ainda fizera na Terra, fizera à 1ª edição do livro. Só em março, contudo, pôde o nosso vice-presidente satisfazer o velho desejo de conhecer pessoalmente o médium.

De que foi essa viagem, que ele denomina *Romaria da Graça,* tantas foram as recebidas e que também pudera, mais prosaicamente, chamar-se *Lavagem d'Alma,* pretende escrever ainda um *memorandum,* tanto que lhe sobrem lazeres.

De antemão, diga-se, porém, que esse contato pessoal mais não lhe valeu que a plena confirmação de quanto prejulgava e dizia do médium e do homem para que mais se evidencie aquela sutil ligação a que, de princípio, reportamo-nos como trabalho dos nossos Guias, sob a égide de Jesus, ligação que, diga-se de passagem, logo se estendera a outros obreiros da casa de Ismael...

A Visita

Desde que foi a Pedro Leopoldo, o nosso companheiro obteve de Xavier a promessa de retribuição da sua visita, retribuição também solicitada em nome dos seus companheiros da Federação. Era uma questão de oportunidades apenas, mas havia também um escolho a vencer.

Chico Xavier no início de sua carreira mediúnica em Pedro Leopoldo

É que Francisco Xavier, espírita por excelência, tem pavor ao elogio e ao sensacionalismo. Mais ainda, sabe que tem de resguardar suas faculdades e poupar as energias físicas para não as malbaratar em tumultos e atropelos espetaculares, tanto quanto em consultas e perquirições, por certo explicáveis por humaníssimas, mas, por isso mesmo, desponderadas e inúteis, as mais das vezes.

O escolho só foi remontado com a garantia de uma relativa discrição, que o resguardasse da curiosidade pública, sem contudo privá-lo de conhecer uma boa parte, ao menos, da confraria carioca.

Enfim, no sábado, 6 de junho, à tarde, recebia Quintão um lacônico telegrama avisando-o da chegada do médium pelo noturno de domingo. Não havia tempo nem conveniência de prevenir os próprios companheiros, todos da Diretoria da Federação, ainda porque, em carta antecedente ao telegrama, o médium comunicava que vinha a serviço da Repartição em que mourejava e não podia perder tempo, dispondo apenas de três dias nesta capital.

Só aqui dilatou o prazo para seis dias. Logo após o almoço, dirigindo-se à Agência Telegráfica no Meyer, ele mesmo se descuidou e o funcionário, ao confrontar os nomes do destinatário e signatário, bem como a estação do destino, disse: *Oh! Eu o conheço muito de nome e de... retrato.*

O Chico alarmou-se...
Meu Deus! como vai ser agora?
Tranquilizado, tivemos então a dita de o acompanhar na satisfação de um velho sonho, que o atraía ao Rio de Janeiro – ver o mar.

Levamo-lo simplesmente a Niterói, para namorar as areias do Icaraí e as águas plácidas do "Saco de São Francisco". Um entardecer da Guanabara!

De regresso, uma vista d'olhos à feérica Cinelândia e casa, porque o hóspede viera de noturno, sem leito, e estava positivamente tresnoitado.

Na segunda-feira, fomo-nos ao desempenho do encargo.

Em uma das repartições a que houve de comparecer, encontrou um engenheiro, seu conhecido lá de Pedro Leopoldo. Haveria de o visitar, depois, bem como a outras pessoas, previamente designadas. E o tempo? Houve de organizar-se um programa de emergência, mesmo porque também cumpria mostrar-lhe algo da "cidade maravilhosa" como ele dizia. E o incógnito?

Não havia tempo a perder: na terça-feira, fomos ao Pão de Açúcar. Cismativo, por vezes melancólico, ora espalhando o aveludado olhar pela massa azul do oceano largo, ora passeando-o pelo recorte das montanhas, explode a pergunta:

E o "Dedo de Deus? Onde está?"

Para nós, na consciência, para os outros, acolá...

Descemos. Ainda nessa noite, haveria de voltar a Niterói. Visita obrigatória, quase protocolar.

Na quarta-feira, visita a pessoa de suas relações. Indeclinável, também. Esse era o dia destinado à sua apresentação ao Grupo "Ismael". Foi quando, sem o sabermos, em casa do hospedeiro discreto, lá nos subúrbios, estourou a bomba.

O repórter do *Diário da Noite* penetrava-lhe a casa com ares de Badoglio em Adis-Adeba, e Chico Xavier, colhido de surpresa, fugiu espavorido. Parlamentaram, sitiada a praça; não se renderiam sem impor condições. As condições eram: noticiar a partida do prisioneiro no dia imediato, não divulgar onde permanecia e quem o hospedava. Rapaz inteligente, cavalheiro, o simpático jornalista profano cumpriu a palavra empenhada, fez boa reportagem para o seu jornal, em que pesem omissões e cincas, como a de haver o médium declarado que Humberto de Campos lhe aparecera pela primeira vez, quando ele, médium, contava apenas sete anos de idade! Mas, que importa? O principal era o *furo* e o furo estava dado.

À noite, no Grupo Ismael, estudando com os seus componentes, perfeitamente identificado com os métodos, que são os de seu grupo familiar, de Pedro Leopoldo, obteve sucessivamente três belos sonetos de Cruz e Souza, Auta de Souza e Hermes Fontes, bem como excelente página de prosa doutrinária, firmada por uma das entidades mais familiares desta Instituição lídimo servo de Jesus, que se chamou Francisco Leite de Bittencourt Sampaio, o mimoso poeta de *Flores Silvestres e Divina Epopeia*. Essa produção, damo-la em seguida a estas linhas.

Chico Xavier se preparando para psicografar.(foto de 1935, Acervo do Centro de Documentação Espírita do Ceará).

Na quinta-feira, em casa do nosso companheiro, onde já havia recebido espontaneamente, em duas frações e com o intervalo de uma noite, a mensagem intitulada "Casa de Ismael", que o *Diário* e a *Pátria* transcreveram, fez ainda uma reunião íntima, na qual se identificou longa, minuciosa, veracíssima e, consoladoramente, uma filha do mesmo companheiro nosso. Essa comunicação, identificando por detalhes tão íntimos e tão peculiares a cada um dos membros da família, que o médium nem alguém pudera jamais conhecê-los, por aclará-los e justificá-los. Em tendo o ditado da saudosa comunicante, era como se ela ali estivesse, na sua linguagem viva, e todos choravam, inclusive o médium!

Em Despedidas

Sexta-feira, Francisco Xavier passou o dia em companhia do confrade Manoel Cunha, a passeio e visitas a alguns confrades.

À noite, conforme combináramos, lá estava ele.

Na Federação

O salão regorjitante de um milhar de assistentes, posto não tivesse havido convites, o presidente exordiou, antes da prece inicial, apresentando o médium e falando, em tese, da necessidade que há de ampararem os porta-vozes do Céu, com o mesmo carinho com que o agricultor diligente trata das fruteiras que lhe alimentam o corpo. Os médiuns genuínos eram as fruteiras que alimentam as almas.

Que o médium Xavier, exausto de energias vitais, pensara em solicitar férias de repouso para o corpo, e Emmanuel, seu Guia, determinara-lhe que gozasse de férias mediúnicas.

Que a sua viagem ao Rio era consequente ao desempenho de um mandato burocrático; não vinha como espírita e muito menos como médium, mas como funcionário em atividades do seu cargo.

Daí as suas reservas e precauções tendentes a subtraí-lo às alavancas da curiosidade pública, dado o seu grande e justo renome.

Que o soldado disciplinado preferia expor-se à censura imponderada dos mais inconsequentes a contrariar os desejos de Emmanuel e o seu próprio desejo. Que, finalmente, ele, Xavier, ali estava de *motu-próprio* para conhecer *de visu* a *Casa de Ismael,* de que muito lhe falam os do plano espiritual, bem como aqueles que, do plano material, fazem dela o seu abrigo de salvação.

Feita a prece inicial, o médium começou por escrever aquele soneto *Templo da Paz* – já publicado pelos diários citados e por nós reproduzido – e tomou a seguir a magistral mensagem de Emmanuel, com que por não lhe retardarmos a divulgação oportuna e necessária, exornamos a primeira página do último número desta revista, sob a epígrafe: "Pela Revivescência do Cristianismo".

Eram 21 horas. O presidente transmitiu ao auditório, comovido, o reconhecimento do médium e a sessão foi encerrada com uma prece de graças formulada pelo nosso irmão Luiz Barreto.

Havia em todos os semblantes um halo de alegria, alguns olhos também umedecidos de lágrimas.

Era a derradeira etapa vencida aqui, sob este teto, para que dela nos ficasse perene, doce, saudosa recordação.

Louvado seja Deus.

Até a volta

No dia imediato, na gare Pedro II, recebeu o querido servo de Jesus, em nome da Federação e da família espírita carioca, abraços fraternos e votos de feliz regresso ao modesto quão invejável Templo-lar, também cadinho de virtudes.

A Comunicação de Bittencourt Sampaio

Completando esta resenha de uma visita que foi bem um amplo e reconfortante entrelaçamento de almas do outro e deste plano e, mais, por lhe dar fecho que corresponde em realidade ao significado profundo que teve o evento noticiado, inserimos aqui, a seguir, a comunicação que acima fizemos referência e que ainda não foi divulgada, a qual Xavier recebeu de Bittencourt Sampaio no Grupo *Ismael*, bem como os três sonetos na mesma ocasião recebidos.

Bittencourt Sampaio (Acervo Antonio Lucena).

Meus amigos,

Glória a Deus nas Alturas e Paz na Terra aos Homens de Boa Vontade. Meu coração se afoga subitamente no pranto, lembrando-me de que todos nós poderíamos nos encontrar no divino banquete. O mundo, porém, atraiu grande parte dos nossos antigos companheiros com as seduções de seus efêmeros prazeres. Entretanto, os baluartes do templo de Ismael permanecem inabaláveis, edificados na rocha das grandes e consoladoras verdades do Evangelho de Jesus.

Minha voz, amigos, é hoje mais familiar e mais íntima. Substituindo, no momento, aquele cuja tarefa vem sendo penosamente cumprida, está o nosso irmão Xavier, para vos transmitir a minha palavra de companheiro e de amigo. Não me dirijo à Imprensa para vos falar ao coração, muitas vezes despedaçado, ao longo do caminho, pelas perfídias atrozes de todos aqueles que concentram as suas energias no ataque ao instituto do Bem, à palavra do Evangelho e ao estatuto da Verdade.

Mas, filhos, se o espaço que vos é vizinho está cheio de organizações poderosas do mal, objetivando a destruição da nossa obra comum, há uma esfera divina, de onde partem os alvitres valiosos, a inspiração providencial, para quantos aqui mourejam com o propósito de bem servirem à causa da Luz e da Verdade.

Não necessito alongar-me em considerações sobre a grande e sublime tarefa do Brasil, como orientador, no seio dos povos, da revivescência do Cristianismo, restabelecendo-lhe as verdades fecundas, nem preciso encarecer a magnitude da obra do Evangelho, problemas esses de elevado interesse espiritual para as vossas coletividades e cuja solução já procurei indicar, trazendo-vos espontaneamente a minha palavra humilde de miserável servo de Jesus.

Agora, amigos, cabe-me solicitar a vossa atenção para a continuidade do nosso programa, traçado há mais de cinquenta anos.

A Federação não pode prescindir da célula primordial de seu organismo, representada pelo Santuário de Ismael, onde cada um afina a sua mente para a tarefa do sacrifício e da abnegação em prol da causa da Verdade, nem pode desviar-se do seu roteiro, delineado dentro do Evangelho, com o objetivo da formação da mentalidade essencialmente cristã.

Todas as questões científicas, no seio da doutrina, repetimo-lo, têm caráter secundário, servindo apenas de acessórios na expansão das realidades espiritualistas.

Na atualidade, mais do que tudo, necessita-se da formação dos espíritas, da disciplina cristã, da compreensão dos deveres individuais, ante as excelências da doutrina, a fim de que se possam atacar os grandes cometimentos.

Firmai-vos na orientação que vindes observando, sem embargo das ideologias ocas que vos espreitam no caminho das experiências penosas. Somente dentro das características morais e religiosas pode o Espiritismo cooperar na evolução da Humanidade.

As criaturas humanas se envenenaram com o excesso de investigações e de empreendimentos científicos, para os quais não prepararam seus corações e seus espíritos. Derivativo lógico dessa ânsia mal dirigida de conhecer a verdade é o estado atual de confusionismo, em que se debatem todos os setores das atividades terrenas, no campo social e político. Não que condenemos a curiosidade, porquanto ela representa os pródomos de todos os conhecimentos; mas é, acima de *tudo, que se faz necessário o método e a legitimidade da compreensão individual e coletiva. Preparai-vos, portanto, preparando simultaneamente os vossos irmãos em humanidade dentro do ensinamento cristão e, amanhã, compreendereis, se não puderes entender ainda hoje, a sublimidade da nossa tarefa comum e a grandeza dos seus objetivos.*

Que Maria derrame sobre os vossos espíritos a sua bênção e que o Divino Mestre agasalhe sob manto acolhedor da misericórdia todas as esperanças e anseios dos vossos corações.

F. L. Bittencourt Sampaio

Os Sonetos

Templo de Ismael

Neste templo de amor profundo e puro,
Que as desgraças e as dores alivia,
Ouvem-se vozes da Sabedoria,
Clarificando estradas do futuro.

Porto luminosíssimo e refúgio,
Onde se encontra a doce eucaristia
Do Evangelho da Paz e da Alegria,
Luz entre as sombras do caminho escuro...

Nestas portas que acolhem desgraçados,
Infelizes, sedentos e esfomeados,
Ouve-se a voz do amor, profunda e imensa.

É Ismael consolando os sofredores,
Vendo seu templo esplêndido de flores,
Cheias da luz suavíssima da crença.

Cruz e Souza

Auta de Souza

Ao Crente

A quem, senão a Ele, o Cristo amado,
Deves tu dedicar os teus momentos,
Se ele encheu os teus pobres pensamentos
De clarões que te fazem deslumbrado?

E na dor e nos próprios sofrimentos,
Lembra sempre o seu vulto imaculado,
Que te faz fervoroso e encorajado,
A ascender teu calvário de tormentos,

Só a piedade do Cristo terna e imensa,
Pode na estrada lúcida da crença
Amparar-te nas provas dolorosas!

E bendize essa dor, pois que os prazeres
São dissimulações dos padeceres
Sobre a Terra de sendas tenebrosas!

Auta de Souza

Desencanto

Também, Senhor, um dia, de alma ansiosa,
Num sonho todo amor, carícia e graça,
Quis encontrar a imagem cor-de-rosa
Da ventura que canta, sonha e passa.

E perquiri a estrada erma e escabrosa,
Perenemente sob a rude ameaça
Da amargura sem termos, angustiosa,
Entre os frios do Pranto e da Desgraça,

Até que um dia a dor, violentamente,
Fez nascer no meu cérebro demente
Os anelos de morte, cinza e nada.

E no inferno simbólico do Dante,
Vim reencontrar a lágrima triunfante,
Palpitando em minh'alma estraçalhada.

Hermes Fontes

OPINIÃO DE HERMES FONTES SOBRE O ESPIRITISMO

Hermes Fontes, desenho em aguáda de Cecconi, extraído do Parnaso de Além-Túmulo, *ED. FEB.*

Floro Bartolomeu Martins de Araújo Hermes Fontes (1888-1930) foi um gênio precoce e teve uma vida de muitos sofrimentos e amarguras, terminando por se suicidar. Advogado, jornalista e poeta, por cinco vezes tentou a Academia Brasileira de Letras (ABL) sem o conseguir. Traído no casamento, abandonado pelos amigos e sofrendo grandes derrotas políticas, foi por isso humilhado. Carregando o complexo pela sua pequena compleição física, seu talento e seus méritos literários são reconhecidos até hoje. No soneto psicografado por Chico Xavier, em 1936, o autor espiritual demonstra toda a mágoa que ainda abrasava em seu peito pelo triste destino que enfrentou em vida.

Em interessantíssima enquete realizada pelo Jornal *Diário da Noite*, do Rio de Janeiro, vários intelectuais da época deram suas opiniões e responderam questões sobre o Espiritismo, inclusive Hermes Fontes. Vejamos o que pensava do Espiritismo o autor em 1923, ano em que Chico Xavier já havia despertado para a mediunidade, mas ainda não iniciara sua missão na área da psicografia e do mediunato em geral.

I — Que pensa do Espiritismo?

II — Tem o Espiritismo influenciado no meio intelectual brasileiro?

III — Que consequências para a ciência, a arte e a literatura se podem deduzir dessa influência?

Respostas de Hermes Fontes – Coisa difícil, dar cada um as dimensões de sua simpatia em questões de fé espírita, para as quais, em sentido geral, não há indiferença possível.

Porque, tanto quanto há males de que todo sangue herda um pouco, é certo haver em toda alma um quinhão de possibilidade espírita e esse bem secreto a que tantos aspiram, preexiste como reserva divina, em quase todos nós.

Eu, por exemplo, em cada período de 24 horas, tenho 12 horas de hesitação e 12 de crença. É escusado pedir os porquês. Não disponho de elementos (nem de tempo) para um manifesto, nem de convicções tão maduras que valesse uma profissão de fé.

Faço, de quando em quando, os meus exames de consciência. Leio o que posso e ouço o que todos ouvem — revelações, coincidências, milagres...

É desnecessário acrescentar que, por mim mesmo, ainda nada vi, ouvi nem senti de aproveitável. E, não obstante, ando mais perto de crer do que de descrer.

Tenho a impressão de ainda ser analfabeto em certas modalidades prognósticas do Espiritismo: religião moderna, ciência futura, realidade quase tangível.

Para mim, o Espiritismo deve ser a revelação da alma às almas no que lhes há de fundamental – a simplicidade –, verdadeiro estado de graças, peculiar aos velhos, às crianças, aos humildes e aos santos.

Espiritismo complicado, obrigado a experiências químicas e sessões de ótica transcendente, já não é verdadeiramente Espiritismo.

O que me leva a maior simpatia, quase à convicção, não é a bibliografia, nem a tradição oral: é a catequese tácita do espírita.

Fazer o bem *quand même* e não desesperar de corrigir nossos erros e nossas penas, estabelecendo relações de justiça entre a vida presente, a anterior e a futura, de cujo aperfeiçoamento crescente resultará atingir a ética imemorial dos eleitos.

A vida com as suas injustiças, as suas falsas recompensas e os seus castigos, aparentemente iníquos – aí está o melhor livro da catequese espírita e a melhor câmara de atuação experimental.

A moral espírita é uma realidade. Não conseguem "desmoralizá-la", nem mesmo alguns impostores que fingem praticá-la e discerni-la.

Sob esse elevado aspecto, o Espiritismo começa a influir seriamente em nossa literatura.

Agora, se a nossa literatura tem influído no Espiritismo, não é recíproca necessária. O Espiritismo precisa mais de bons exemplos do que de boas palavras...

Quando leio certos discursos e exegeses embaladoras, prefiro cair na dúvida, que é também uma rede, e, às vezes, das mais cômodas.

As inteligências, por mais ativas, têm a sua hora de preguiça. A dúvida é boa para fazer o espírito espreguiçar-se de certas leituras insinceras. E, assim, como outros diriam: *in dúbio pro reo*, e penso, ao ler certos catequistas: *in reo...pro dúbio...*

Hermes Fontes responde hoje à nossa enquete. Nome conhecidíssimo pelos livros brilhantes, bastaria ser enunciado, dispensando-se o noticiário que aqui costumamos fazer. Tendo estreado com *"Apoteoses"*, que foi um acontecimento literário, tem dado às Letras várias obras de poesia, cheias de força e pensamento: *"Gênese"*, *"Ciclo de Perfeição"*, *"Microcosmo"*, *"Miragem do Deserto"*, *"A Lâmpada Velada"* e *"Despertar"*.

OS ESPÍRITAS
E A POLÍTICA

A década de 1930 foi especialmente agitada na política brasileira, conforme abordamos no capítulo anterior. A revolta de São Paulo em 1932; a nova Constituição promulgada em 1934; o Estado Novo em 1937, reflexo da situação internacional que favorecia governos totalitários de direita; o contragolpe fracassado e a extinção da Constituição foram alguns dos graves acontecimentos vividos naqueles anos, isso para não se falar da Segunda Grande Guerra, deflagrada em 1938. A toda essa ebulição política não podiam ficar indiferentes os espíritas. Independente de sua convicção religiosa, o espírita não pode se afastar de suas obrigações cívicas e nem deixar de exercer sua cidadania, tendo a obrigação de ser um formador de opinião, já que tem uma bagagem espiritual que deve ser exercida em sua plenitude, em face da responsabilidade que se impõe àquele que recebe essa dádiva do Criador.

Atento às necessidades de dar uma diretriz a essa importante questão, a FEB lançou, em 1934, o opúsculo "Espiritismo e Política – Modos de ver da Federação Espírita Brasileira", no qual expõe sua opinião sobre a matéria e oferece sugestões ao movimento espírita de como proceder diante do problema.

Chico Xavier jovem caminhando em Pedro Leopoldo

Da mesma maneira, Chico Xavier também é instado a submeter aos espíritos a matéria, e em várias ocasiões estes se manifestam, sendo mais conhecidas as mensagens contidas em "Palavra do Infinito". Outras manifestações da Espiritualidade através do Chico podem ter ficado desconhecidas do grande público, como esta mensagem que aqui reproduzimos e que permanece atualíssima e atemporal. Destacamos um pequeno trecho para ilustrar nossa afirmativa: *Que os nossos irmãos, portanto, consultando a própria consciência, evitem a queda sob o chicote de novas ditaduras implacáveis, que constituiriam retrocesso da mentalidade humana; acima de todas as cogitações, convém que saibam que lhes compete defender, não as moedas dos bancos, as prerrogativas das classes e as falsidades de certos princípios sociais, mas a luz do santuário, a claridade divina que lhes foram confiadas, a fim de que o mundo não as perdesse, nestes tempos de desenfreado utilitarismo.*

A psicografia de Chico aconteceu em 30 de junho de 1937.

* * *

Dentro dos quadros do Espiritismo Evangélico no Brasil, algumas coletividades se levantam, buscando colaborar nos arraiais políticos, objetivando, com os seus nobres intentos, conduzir as claridades do Evangelho às casas legislativas na Nação, a fim de norteá-las nos caminho reto.

Esse propósito dos nossos irmãos espíritas é realizável. Como outros homens possuem também o direito de admissão a essas atividades, salientando-se que, em razão do seu esclarecimento espiritual, muito se lhes deverá pedir, em matéria de caridade, no seio da política administrativa.

Todavia, é preciso considerar que, se é lícito aos espíritas içarem bandeiras, em meio desses campo inimigos de sua sinceridade, da sua ânsia fraterna e da sua boa-fé, não será ocioso chamar-lhes a atenção para os perigos da caminhada em perspectivas, a fim de afastarem dos desfiladeiros íngremes e escabrosos, onde perderão, fatalmente, a flâmula sagrada de seu idealismo. *Requer-se todo o zelo de suas preferências pessoais, nos quadros do partidarismo, procurando discernir a situação com clareza devida, evitando as ilusões perigosas que percorrem todos os departamentos das atividades do homem moderno.*

O grande problema, por enquanto, ainda não é o de espalharem nossos irmãos pelos arraiais políticos desejando transformá-los sem o concurso do tempo, mas resume-se na questão simples e básica da necessidade de levar, cada um deles, através de exemplos e ensinos aos nossos semelhantes, os conhecimentos evangélicos para que os homens transformem a si mesmos para o bem.

Essa solução conduzir-nos-á à equação de todos os problemas da felicidade humana, porque todos os esforços dos pedagogos modernos, para serem construtivos, têm de ser efetuados no sentido de melhorar o homem. Esclarecido esse, estará a sociedade reformada, pois bem sabemos que quase todas as tentativas de renovação exterior redundam sempre em tentativas inúteis, quando não constituem, em si mesmas, aquele "túmulo caiado", que não é símbolo morto.

Os espíritas podem perfeitamente integrar as fileiras do mundo político, mas que não desconheçam em todas as circunstâncias a magnitude dos seus deveres, em face mesmo dos princípios de fraternidade e de amor da doutrina que representam.

As místicas nacionalistas têm a sua beleza estrutural, como teorias de igualdade, mas ficará no plano mitológico se continuarem desconhecendo os grandes princípios da solidariedade universal e da fraternidade humana, diante dos quais todos os homens são filhos de Deus e candidatos às mais elevadas posições na única vida verdadeira, que é a vida espiritual.

Que os nossos irmãos, portanto, consultando a própria consciência, evitem a queda sob o chicote de novas ditaduras implacáveis, que constituiriam retrocesso da mentalidade humana; acima de todas as cogitações, convém que saibam que lhes compete defender, não as moedas dos brancos, as prerrogativas das classes e as falsidades de certos princípios sociais, mas a luz do santuário, a claridade divina que lhes foi confiada, a fim de que o mundo não a perdesse, nestes tempos de desenfreado utilitarismo.

Que os nossos amigos ponderem sobre a necessidade de esclarecimento do homem. Desse esclarecimento advirá a regeneração compulsória das coletividades, porque Deus não poderia criar linhas divisoras na Terra, que é patrimônio da humanidade. Franceses e hotentotes são seus filhos bem amados, e o que caracteriza a diversidade de posições dos homens sobre o mundo é a aplicação da justiça divina que se processa segundo os méritos de cada qual.

Os espíritas, pois, podem colaborar na política, mas entendendo sempre que a sua missão evangelizadora é muito mais delicada e muito mais nobre. Concentrando possibilidades nesse labor, que aprendam com os padres católicos, os quais, se hoje não mais são os apóstolos humildes e desprotegidos do mundo, como viviam outrora e vivem na atualidade, cheios de poderes temporais e de expressões financeiras, não podem mais dizer ao paralítico, em nome do Senhor – "levanta-te e anda" – porque, voluntariamente, desejaram trocar as posições celestes pelas posições terrestres e não souberam colher na árvore da Vida o fruto maravilhoso do mundo espiritual.

Emmanuel

Chico Xavier
e Maria Máximo

*A experiência humana é o caminho
da ação pela qual somos compelidos
a passar se pretendemos acesso à
Vida Superior.*
Ismênia de Jesus/Chico Xavier
(Praça da Amizade)

Chico Xavier iniciou sua carreira mediúnica para o grande público em 1932 com o lançamento da obra *Parnaso de Além-Túmulo,* trazendo a psicografia de grandes poetas brasileiros e portugueses como Olavo Bilac, Augusto dos Anjos, João de Deus, Antero de Quental, Castro Alves, Rodrigues de Abreu e outros. Maria Máximo "explodiu" com sua mediunidade por volta de 1937. Logo que começou a tomar consciência de sua missão mediúnica e iniciou suas tarefas espirituais, Maria Máximo

Ismênia de Jesus

começou, no fim da década de 1930, a cartear com o médium mineiro e logo se formou sólida amizade.

Em setembro de 1940, Maria Máximo fez uma visita a Chico Xavier na cidade de Pedro Leopoldo (MG), onde o médium residia, para conhecê-lo.

Naquela aprazível cidade, Maria Máximo participou de vários trabalhos no Centro Espírita Luiz Gonzaga e recebeu inúmeras mensagens dos Espíritos através de Chico. Conseguimos resgatar algumas, duas delas de Emmanuel, de incentivo aos trabalhadores do Centro Espírita Ismênia de Jesus, fundado pela médium. Todas são inéditas em livro e estavam amarelecidas e adormecidas em alguma gaveta da Instituição. Vale a pena tomarmos contato com as comunicações.

Um Estímulo de Emmanuel

Meus amigos.
Deus vos conceda sua bênção e sua paz. Vossa união para o bom trabalho com Jesus não se verificou com um acontecimento eventual. O compromisso do esforço em comum, nas luzes do Evangelho, vem de muito longe. No pretérito espiritual, onde as almas edificam as bases das mais elevadas realizações.
A vida terrestre passa com o império das más ilusões.
A experiência varre os enganos da juventude, e quando as flores da fé se abrem ao sol das meditações, o espírito recorda os seus altos e abençoados deveres.
A claridade da crença vos reuniu os corações para a construção ditosa do reino de Deus, com os labores de Jesus Cristo.
Uni-vos cada vez mais.
Protegei, no mundo ínfimo, as flores da fraternidade contra o assédio das víboras da discórdia. O mundo está cheio de ervas daninhas que alimentam a sombram, e só o clima da humildade evangélica e solidariedade sadia pode oferecer ambiente à obra de Deus.
Enlaçai-vos na mesma vibração de fé e nunca esqueçais a doce recomendação da tolerância.
Ainda e sempre, em toda a comunidade cristã, o maior para Jesus será sempre aquele coração devotado e sincero que se fizer o menor de todos.

Nas hesitações, buscai a força do Evangelho, nas dores, procurai a fraternidade legítima, no assédio das tentações, perdoai-vos uns aos outros. Não vos faltará o amparo espiritual dos mais desvelados amigos das esferas da luz.

E, assim, amparando-vos reciprocamente, haveis de atravessar o oceano das provas executando as sábias determinações do plano superior a vosso respeito, resgatando o pretérito obscuro e fundindo todos os sentimentos humanos que vos animam o coração em sentimentos divinos, os quais são transformados por Deus na auréola da vitória que fulge na fronte dos escolhidos.

Emmanuel

(Mensagem psicografada por Francisco Cândido Xavier em Pedro Leopoldo/MG, em 5 de setembro de 1940)

Hino da Casa dos Pobres

Neste templo da bondade,
Onde a luz da caridade,
Adoça todo amargor,
Jesus nos estende os braços,
Da terna luz dos espaços
Nas suas bênçãos de amor.

Nesta casa da bonança,
Onde palpita a esperança,
Das claridades do Além,
Toda ideia é da verdade
Todo esforço é da humildade,
Toda palavra é do bem.

Neste sacrário da vida
Toda dor, toda ferida
Encontra consolação!
A força que nos redime
É a do Evangelho sublime.
De verdade e redenção.
Nas lutas de cada dia,

Maria Máximo (14-12-1884/10-08-1949) e seu sucessor na direção do C.E. Ismênia de Jesus, Edgard Cunha (02-12-1912/01-03-1976).

Procuramos a alegria
De caminhar para a luz!
Cantemos na paz ditosa
A ventura luminosa
De trabalhar com Jesus.

João de Deus

(Psicografado por Francisco Cândido Xavier em Pedro Leopoldo/MG, em 5 de setembro de 1940)

Pão da Vida

Em 1943, Maria Máximo lança, em edição própria, a obra *Pão da Vida* com mensagens pelo Espírito do Dr. Aurélio Augusto de Azevedo (Pai Aurélio) que foi seu pai na presente encarnação.

O livro, cuja venda reverteu em benefício da Maternal Ismênia de Jesus, traz comentários evangélicos e doutrinários espíritas.

Chico Xavier se fez presente no apoio à obra, participando com o prefácio de Emmanuel e a poesia *Ao leitor*, psicografada por Casimiro Cunha, reverenciando Pai Aurélio. Na sequência, uma bela prece de autoria da própria Maria Máximo, em que faz referência à sua mediunidade e bendizendo as tarefas para as quais fora convocada.

Maria Máximo, Antonio Pereira Pinto e Dr. Mário Alcántara

Prefácio de Emmanuel
Minha Irmã

Que as bênçãos de Jesus te felicitem o coração consagrado à Verdade e ao Bem.

Refaze tuas forças, multiplica energias, mantém aceso o fogo sagrado de tua confiança e continua servindo Àquele Mestre amoroso e sábio que nos dirige os destinos.

Não te doa o espinho da incompreensão ou a pedra da malícia no campo imenso da semeadura evangélica. Não poderíamos só seguir entre flores. Àquele que demandou a ressurreição, coroado de sofrimentos, nem poderíamos percorrer, por encontrá-Lo, outra senda que não seja a via-sagrada de supremas renunciações. A cruz do Senhor Jesus é símbolo morto. O discípulo fiel não se esquivará ao seu peso, porque o madeiro do testemunho individual é passaporte para a Redenção.

Na mediunidade, encontraste a cruz repleta de espinhos e de rosas, de sombras e de luzes, de alegrias e de padecimentos, que é indispensável não menosprezar. Quantas vezes há ouvido à obser-

Inauguração do Refeitório dos Pobres no C.E. Ismênia de Jesus em Santos/SP

vação injusta, à ironia dos que te não podem compreender? Não importa. Auxilia a todos, entende-lhes as necessidades, espera-os no caminho com a lâmpada fraternal e, seguindo o Senhor, com a tua cruz, faze com que os espinhos floresçam, que as sombras se dissipem na claridade divina, que os sofrimentos se transformem cada dia em hinos de esperança.

Acusam em torno de teus passos, caluniam em derredor de ti? Continua a marcha para frente. Cada homem colherá o que houver plantado, cada trabalhador viverá na edificação que construir. Quem ajunta sombras conhecerá o nevoeiro, quem carrega pedras lhe sentirá o peso na estrada, pois, se vivem esquecidos do próprio Pai, se lhe não entendem a obra divina, que possuirão por nos oferecer senão as sombras que lhes amortalham o coração? É preciso cuidar do trabalho de Jesus, renovando a nós mesmos, no vasto programa da redenção espiritual.

Não te perturbem os ecos do passado em outras expressões da existência, pois, não somente tu, minha irmã, e sim todos nós, somos endividados a quem o Senhor concedeu grande material de misericórdia e possibilidades, a fim de que não faltemos aos resgates justos. A prova e o trabalho constituem a nossa grande oportunidade. Louva sempre o Divino Amigo, que te conferiu a tarefa da distribuição de seus recursos amorosos junto aos que têm fome de pão do corpo e sede de Luz espiritual. Prossegue em teu serviço de irmã dos infortunados. Lembra que os escarnecedores são grandes desventurados nos caminhos terrestres. Planta as sementes da caridade para colheres os frutos de iluminação eterna e espalha a Luz de Cristo para que todos aprendam a semear.

Continua, pois, vigilante na fé e devotada ao bem, amando a todos e confiando, acima de tudo, no Senhor.

Emmanuel

Nas Verdades do Evangelho

Nestas páginas, amigo,
Tecidas no afeto irmão,
Há luzes silenciosas
Que falam ao coração.

Em todas, ouve-se a voz
Que exorta, consola e atrai,
São cartas do Mensageiro
Que convida ao Nosso Pai.

Estás cansado, oprimido,
Ao peso de tua cruz?
Vem buscar a força nova
Que alivia e reconduz.

Padeces? Perdeste o rumo
Em campos de sombras e espinho?
Encontrarás claridade
Para as lutas do caminho.

Enganaram-te? Medita,
Não olvides a bondade,
Terás, de novo, o roteiro
Dos tesouros da Verdade.

A calúnia visitou-te
E choras na incompreensão?
Vem buscar o lenitivo
Em bálsamos de perdão.

Suportas perseguições
Do mal criminoso e vário?
Descobrirás a esperança
Que brilhou sobre o Calvário.

Tens vivido ao desamparo,
Sem consolo, sem ninguém?
Receberás a harmonia,
A paz, o conforto, o bem.

Maria Máximo e Alexandre Pereira Cassilhas

Se o desejo da verdade
É a força que te governa,
Encontrarás nesta fonte
As águas da Vida Eterna.

Não mais sandálias de sombra,
Nem roupagens de ilusão,
Caminheiro deste mundo,
Atende ao teu coração.

Vem ouvir a voz amiga
Do grande trabalhador,
Que oferece o Pão da Vida
Em nome do Pai de Amor.

Na sede de nossas almas
Ouçamos o nobre Aurélio
O nosso irmão missionário
Das verdades do Evangelho.

Casimiro Cunha

(Versos recebidos pelo médium Francisco Cândido Xavier, em Pedro Leopoldo, em 14/3/1943).

Casa Maternal Ismênia de Jesus em construção (Dezembro/1943).

Súplica

Senhor! Eis-me aos vossos pés. Por vós eu fui criada, meu Pai, simples e ignorante. Destes-me, Senhor, para meu progresso, a lei do livre-arbítrio, mas, quando cheguei ao grau de raciocinar, não tive a felicidade de me sentir capaz de me encaminhar como devia e como me podia tornar feliz!

Quando meu espírito ainda se tornava despido, completamente nu, vesti-lhe as roupagens da vaidade, da ambição, da maledicência, do egoísmo, da inveja, calcando com os tacões do orgulho tudo que sob meus pés podia pôr. Cobri-me, Senhor, com a capa da ignorância e coloquei no peito o emblema do ciúme! Não habitou em mim a inveja, talvez por não encontrar lugar para alojar-se, e assim vivi anos e anos, até que, num dia de muito calor e frio ao mesmo tempo, despertei pela alternativa que me sacudiu, e senti-me agasalhada e refrescada pelo véu que vossa infinita misericórdia me deixou cair nos ombros, envolvendo-me toda para, por ela, essa capa bendita, despertar!

Maria Máximo caracterizada em cena no Teatro. Ela e seu marido, Miguel Máximo, eram atores profissionais e se apresentavam como o Duo Max antes de eclodir sua mediunidade e de fundarem o C.E. Ismênia de Jesus.

Era a mediunidade que me ofertava o vosso grande amor por mim, para que me salvasse e dela tivesse o proveito que me oferecia, libertando-me dos grilhões que me prendiam e cobriam ao mesmo tempo! Despertei, Senhor! Mas que luta em que tive de lançar-me comigo mesma para poder confeccionar as roupagens que tinha de substituir, todas as que já estavam podres de tanto serem usadas e cobrir minha carcaça ambulante e quase errante. Porém, um dia, Senhor, de olhos fitos em Vós, implorando-Vos a força bastante para arrancar de mim tudo quanto me dificultava os movimentos e as ações, vi raiar sobre mim o sol de vosso amor que, pelo calor, fez derreter e cair esses envoltórios nojentos e prejudiciais!

E, ao ver o meu espírito despido, curvei a cabeça, agradecendo-Vos, por me haverdes mandado que as arrancasse com vontade de me ver liberta; mas, embora o esforço fosse grande, Senhor, ainda me incomodam os movimentos e dificultam os passos os fragmentos que se enraizaram primeiro, dando-me a agitação dos que ainda não compreendem que a natureza não dá saltos! Mas eu Vos suplico, Pai, a força do Vosso amor, para que me torne calma, refletida, tolerante e humilde! Dai-me, Senhor, a paciência, a coragem e a resignação, para que não esmoreça, nunca, quando sou forçada a ver por mim própria o que aos outros fiz passar. Que o ódio que me votam seja o meu amor; a ofensa que me dirijam, receba o meu perdão e que eu veja sempre, em tudo o que me faça sofrer, a Vossa infinita misericórdia, como prova da Vossa sabedoria infinita na justiça de Vossas sábias e imutáveis Leis, tendo como redenção para os que erram a sublime lei de causa e efeito. Louvado sejais, Senhor, Pai e Juiz de todos nós, que a todos dais a possibilidade de até Vós podermos ir.
– Vossa filha, *Maria Máximo.*

Dedicado aos companheiros da Obra Cristã

Premida pelas dificuldades encontradas na sua obra de benemerência e de consolo espiritual, Maria Máximo escreve para Chico Xavier, e o Espírito Protetor de Maria Martins de Andrade envia-lhe a seguinte mensagem em 12 de novembro de 1944, que é impressa e entregue a todos os colaboradores do "Ismênia" com o seguinte recado do Chico: *Cara Irmã, ela escreveu as páginas me recomendando que lhe mandasse e dedica a todos os companheiros da Obra Cristã.*

Irmãos muito amados:
Que as Bênçãos de Jesus nos felicitem, no trabalho do seu Evangelho de Redenção.
Edificado o templo das graças divinas, cumpre-nos distribuir a Divina Luz.
Quantos obstáculos vencidos nos caminhos ásperos, quantas nuvens de cor transformadas em chuvas torrenciais de misericórdia e alegria?

Já convertida ao Espiritismo, Maria Máximo utilizava-se de seu talento como artista para divulgar o Espiritismo ao grande público.

Convidou-nos, o Mestre, a exemplificar-lhe as lições sublimes.

Entre as pedras ingratas do mundo e, embora os espinhos da ignorância humana, Jesus ainda vem ao encontro de todos os sofredores e necessitados, iluminando trevas, consolando amarguras, enxugando lágrimas, vestindo a nudez, espalhando esperanças e renovando consciências.

É o Senhor, meus amigos, quem nos convoca ao serviço de Sua infinita bondade. Suas mãos generosas auxiliaram-nos na edificação deste novo templo de concórdia e luz espiritual. Seu braço forte dissipou a incerteza dos primeiros dias, guiou-nos o esforço sincero, trouxe-nos cooperação e alento, deu-nos segurança de fé e orientou-nos o ideal. E a sua casa de amor está erguida, com o celeiro farto de bênçãos.

Somos seus mordomos e servos, cooperadores e devedores. Que não fazer, portanto, pelo Amigo Eterno e Fiel?

Enquanto na esfera das lutas terrestres sobram discussões e dissenções, levantam-se as bandeiras do ódio, erguem-se muralhas do sectarismo e desabam tempestades do desespero, unir-nos-emos na mesma realização sagrada, exemplificando a fraternidade santa, arvorando o estandarte luminoso de paz, criando o novo entendimento

Miguel Máximo, esposo de Maria Máximo

entre os homens e restaurando as fontes do Infinito. Nosso templo de caridade cristã será a luz viva para os caminhos da eternidade, consolação aos aflitos, socorro aos desesperados da sorte, pão dos famintos, água viva aos sedentos da alma, lar dos órfãos, teto amigo dos enjeitados, asilo dos pobres sem rumo, estrela da esperança aos que vagueiam na noite da descrença, fortaleza aos fracos, abrigo aos desamparados, hospital aos doentes, ânimo aos tristes, roteiro aos transviados, salvação dos náufragos, bálsamo aos infelizes, amparo aos sofredores e oficina ativa para todos os servidores fiéis.

Grandes são as dádivas recebidas! Muito grandes, porém, são as nossas responsabilidades perante o Doador Universal.

Façamos, pois, meus amigos, o nosso novo compromisso, diante do Senhor. Aliemo-nos no ministério do amor cristão, entregando ao Mestre os nossos votos de renúncia, de trabalho e de sacrifício.

Em Cristo, a renúncia ilumina, o trabalho redime e o sacrifício eleva.

A semeadura generosa permanece em nossas mãos. Plantemos a humildade e o bem, para que as luzes celestiais resplandeçam na Terra, através das lâmpadas de nossos corações.

Vigiemos contra os vermes da sombra e contra as serpentes da discórdia! Nossas almas iniciam agora um novo ciclo na suprema edificação para Deus.

Amemo-nos, profundamente, distribuindo a felicidade com os nossos semelhantes! Aprendamos com Jesus, estendendo-lhe as lições divinas no campo da humanidade.

Chama-nos o Mestre ao serviço santificante do amor e da iluminação. Bem-aventurados os corações que souberem responder ao chamamento sublime!

Transformemos nossos desejos numa só aspiração, consagremo-nos ao Senhor, executando-lhe a vontade justa e misericordiosa.

Estamos convosco, de alma genuflexa, com as lágrimas de nosso júbilo e reconhecimento endereçadas ao Pai Supremo.

Agradeçamos a Deus, trabalhando e amando, perdoando o mal e estimulando o bem, servindo a todos e elevando-nos constantemente.
   Enquanto as nossas portas se abrem ao próximo, cheias de luz cristã, abraçamos nossos corações para Jesus.
   Hospedemos o Mestre, dentro de nossas almas, convertamo-nos ao Seu Evangelho de renovação e, unidos com Ele, sejamos instrumentos fiéis de Sua divina vontade para sempre.

Maria Martins de Andrade

Lançamento da Pedra Fundamental de um dos Pavilhões do C.E. "Ismênia de Jesus". Maria Máximo tem uma criança à frente e, a seu lado, Arlindo Ribeiro de Andrade, grande benemérito da Instituição.

Chico Xavier visita Juiz de Fora em 1942

> "A ciência raciona; mas o amor edifica.
> O cérebro procede à verificação; mas somente o coração pode e sabe criar."
>
> *Bezerra de Menezes*

Juiz de Fora foi uma cidade que Chico Xavier visitou muitas vezes quando jovem. Seu movimento espírita sempre foi dinâmico e suas Semanas Espíritas muito concorridas. No ano de 1942, nas noites de 18 a 21 de maio, a Casa de Kardec, situada na Rua do Sampaio 425, teve o privilégio de recepcionar em sua sede o médium de Pedro Leopoldo que psicografou instrutivas mensagens dos Benfeitores Espirituais, algumas publicadas apenas em opúsculo distribuído em edição limitada. Foram os espíritos comunicantes: Eugênia Braga, inédito em livro; Belmiro Braga (*"Bilhetes"*, publicado em edição revista do *"Parnaso d'Além-Túmulo"*); João de Deus (*"Avante"*, publicado em "Coletânea do Além"; "Além", publicado no *"Parnaso"* e em *"Taça de Luz"*); Venâncio Café, inédito em livro; Bezerra de Menezes, psicografado no C. E. "Dias da Cruz", inédito em livro; e Pedro de Alcântara (*"Brasil do Bem"*, publicado no "Parnaso").

É importante registrar-se aqui algumas palavras sobre Venâncio Café, conhecido como Padre Café em vida, figura de destaque na história de Juiz de Fora. Café nasceu em Guanhões/MG, em 1846, e ficou órfão nos primeiros anos de vida. Foi Deputado, Professor, Jornalista e só se tornou Padre em 1891, aos 45 anos de idade. Desencarnou jovem, aos 51 anos, mas todos se referem a ele como uma pessoa muito carismática e bondosa. Os católicos da cidade costumam dizer que seu carisma era tão grande "que ele até se tornou nome de Centro Espírita na cidade" *(sic)*.

Mensagem de Eugênia Braga

Minhas queridas amigas: Deus vos abençoe o esforço fraternal.

Na sagrada comunhão, aqui me encontro convosco nas tarefas diárias dentro dos círculos do bem.

O amor é o edifício que construímos na eternidade; e, através de seus laços divinos, nossos corações se reúnem mutuamente entrelaçados para a vida imortal.

Nunca poderia esquecer os elos sublimes que enlaçam as almas no trabalho sagrado e incessante.

A Casa Espírita, confiada ao coração da mulher espírita de Juiz de Fora, é a nossa tenda de realizações. Aqui, minhas irmãs muito amadas, temos o nosso grande lar. O misericordioso velhinho é o nosso anjo-guardião. E em cada detalhe podemos observar a atividade inesgotável de nossa colmeia.

Não sei como agradecer a Jesus pelas searas de luz e de paz que nos tem concedido, sob este teto de amor; e é em Seu nome que unimos nossos pensamentos aos vossos pensamentos na mesma ação de louvor, suplicando à Sua Bondade Infinita que nunca cesse o curso das bênçãos.

Nossa alma está igualmente genuflexa. O trabalhador fiel não olvida o reconhecimento do Senhor.

A vossa luta tem sido, às vezes, difícil e angustiosa. Em muitas ocasiões conhecestes de perto a incompreensão e a dor, a dificuldade e o sofrimento; porém, minhas amigas, sempre que nos recordarmos das rosas tomadas pelos espinhos, lembremos, antes, que os espinhos se conservam coroados de rosas. Se o serviço apresenta pormenores de execução laboriosa, nunca esqueçamos a grandeza e a ventura da realização espiritual.

Na dolorosa situação dos vossos tempos, observamos a mulher de modo geral, indiferente aos seus grandiosos deveres. As ilusões políticas, a concorrência profissional, os venenos filosóficos invadiram os lares. São poucas as companheiras fiéis que se mantêm nos seus postos de serviço, com Jesus, convictas da transitoriedade das posições mundanas. Quase sempre o que se verifica é justamente o naufrágio de luminosas esperanças que, a princípio, pareciam incorruptíveis e poderosas.

Instituto Profissional Feminino "Eugênia Braga"

Semelhantes fracassos são oriundos do esquecimento de que a nossa linha de frente, na batalha humana, é o lar, com todas as suas obrigações sacrificiais, compelindo as mães e as esposas, as filhas e as irmãs aos atos supremos da renunciação. Nosso Mestre é Jesus; nosso trabalho é a edificação para a vida eterna. É imprescindível não olvidar que os homens obedecerão, em todas as suas tarefas, ao imperativo do sentimento. Sem esse requisito, são muito raros os que triunfam. É necessário converter nosso potencial em fonte de auxílio. Nada se conseguirá no terreno das competições mesquinhas, mas, sim, na esfera da bondade e da cooperação espiritual. Busquemos na compreensão, cada vez mais, o caráter transcendente de nossas obrigações. Quando nos referimos ao dever doméstico, claro está que não aludimos à subserviência ou à escravização. Referimo-nos à dignidade feminina com o Cristo para que cada irmã se transforme em cooperadora devotada de nossos irmãos. O mau feminismo é aquele que promete conquistas mentirosas, perdido em pregações brilhantes, para esbarrar com as realidades dolorosas; entretanto, o feminismo legítimo, esse que integra a mulher no conhecimento próprio, é o movimento de Jesus, em favor do lar, para o lar e dentro do lar. Felizes sois, portanto, *pela santidade de vossas obrigações. Unamos as nossas mãos no trabalho redentor. Nossa Casa é o grande abrigo dos corações onde todos temos uma tarefa a cumprir. Deus no-la concedeu atendendo às nossas aspirações mais sagradas e súplicas mais sinceras. Seja cada obstáculo um motivo novo de vitória; cada dor seja para nós uma joia de escrínio da eternidade. Deixai que a tormenta do mundo, com as suas velhas incompreensões, seja atenuada pelo poder divino; não vos magoe os ouvidos o rumor das quedas exteriores. Continuem na casa do coração, certas de que Jesus estará conosco, sempre que lhe soubermos preferir a companhia sacrossanta. E, antes de me retirar, transmito-vos os votos de amor e paz do nosso venerando João de Freitas.*

Beijando-vos a todas, no beijo afetuoso de agradecimento que deponho no coração de nossa querida Zuzu, despeço-me, deixando a alma feliz e reconhecida. Vossa irmã,

EUGÊNIA

Mensagem de Venâncio Café

Recebida por Francisco Cândido Xavier, no Centro Espírita "União, Humildade e Caridade", na noite de 20 de maio de 1942.

Meus irmãos, que as bênçãos de Jesus permaneçam convosco e que saibais entesourá-las no íntimo é o nosso voto sincero sempre.

A caravana dos trabalhadores, que segue sempre nossas oficinas de serviço cristão, continuam ativas. E unimos os nossos pensamentos com os vossos para render graças ao Mestre Amorável. Enquanto o mundo antigo se despedaça nos atritos da ambição, prosseguimos no propósito santificado de construir. Se conhecemos uma guerra legítima, essa é aquela que sustentamos em nós mesmos com as velhas imperfeições. Nossos inimigos não se encontram no plano externo, à moda dos movimentos estratégicos do mundo. Entrincheirados em nosso próprio íntimo, aí lhes sentimos a presença, obscurecendo-nos a visão espiritual. É a horda de nossas fraquezas seculares, de nossos direitos que ameaçam cristalização. Armemo-nos com a fé perseverante, meus filhos. Empreguemos o alvião da vontade sincera a fim de que nosso espírito compreenda o serviço construtivo. Não obstante os nossos títulos de desencarnados, prosseguimos a marcha convosco. A morte do organismo material constitui, apenas, modificação de esfera; nunca, porém, ausência absoluta. Nesta cidade tradicional para nós outros também, em virtude de representar o teatro bendito de tantas lutas, juntos continuamos no meritório serviço do bem. Nossas alegrias são as vossas, como nos pertencem igualmente as vossas lágrimas. Cada parede erguida em memória de Jesus aos seus tutelados, irmãos nossos, constitui um altar de júbilos infindos aos nossos corações. Cada prece de vossas reuniões ecoa em nossa alma com a música da fraternidade. Podereis compreender a grandeza de nossas afinidades sacrossantas. Nossas aspirações são gêmeas das vossas: e o cuidado de cada um representa o desvelo da comunidade inteira, que se afina convosco, desde as esferas mais altas no invisível. De quando a quando, as sombras ameaçam as nossas tarefas de comunhão incessante. A luta desenha-se, lançada por elementos sutis da discórdia. Mas o Pai Altíssimo permite que reforcemos a cada hora os elos de vossa corrente fraternal; e as casas de amor de Juiz de Fora prosseguem no seu glorioso trabalho de caridade e abnegação evangélica. Sim, meus amigos, muitas vezes haveis de sentir a luta e o sofrimento; nem sempre a nossa batalha será menos áspera. Entretanto, recordemos que o artista não fere o mármore por motivos de ódio, mas por razões celestes de amor à obra divina, que lhe deve nascer das mãos perfeitas. Nosso coração é o mármore nas mãos de Jesus Cristo. Busquemos interpretar fielmente a grandeza do seu divino ideal de perfeição e luz. E, sobretudo, não vos torneis em pedra quebradiça. Tende a segurança e a firmeza da fé, revestida, embora, da maleabilidade necessária. Semelhante atitude não é paradoxal, nem difícil.

  Basta que façamos dos desígnios de Senhor nossa própria vontade. Sintamos cada dia como sagrado período de realizações. Nem sempre recolherá flores; e nem sempre se verá o firmamento azul. Entretanto, compreendamos a grandeza do trabalho do bem, qualquer que seja, em suas sublimes características. Poderemos atender a Jesus em todos os lugares. Não seria possível guardar o tesouro da fé, se apenas o defendêssemos nos instantes da eucaristia da prece. Não podemos proceder à feição dos crentes antigos, que talhavam um Jesus para o templo e outro para o mecanismo das relações comuns. O mundo espera pelos discípulos fiéis. Seria inútil assumirmos a atitude de quem lhe espera o aplauso inconsciente, quando não ignora que é justamente a Terra que aguarda o nosso esforço. O homem, de modo geral, sempre meditou as vantagens, olvidando os tesouros de cooperação. Por toda parte, respiram os que permanecem insaciáveis na crítica, os que apenas analisam, os que requerem o concurso da comunidade com fortes exigências. Mas o cristão fiel sabe que Jesus não aguardou a apologia de seu tempo, que não pediu as palmas da sociedade humana, nem temeu suas perseguições inerentes.

Jesus deu e imolou-se. Sua grandeza sublime é tão resplandecente na luz do Tabor como nas lágrimas do Calvário. É preciso, meus filhos, que façamos a negação do capricho pessoal e que lhe sigamos os passos divinos. A lição do Mestre ainda e sempre é a eterna mensagem para o espírito humano.

Em nossas oficinas de esforço, amemos o mais possível. Que ninguém tenha queixa quando o Senhor tem sido tão magnânimo. Atravessemos os nossos caminhos com a luz dos sentimentos fraternos. Quando surgir a nuvem da mágoa, procurai o perdão e o esquecimento. Para nós, cada luta deve ser um motivo de glorificação espiritual. Dai-vos as mãos uns aos outros e segui. Jesus nos pede tão pouco! Recordemos ao máximo para que a Sua bondade opere, todos os dias, em nosso favor; e, então, compreendereis os pequeninos nadas da passagem pela Terra, a fim de considerar tão somente a vida em seus valores eternos. Em síntese, meus irmãos e meus amigos, lembremos o antigo programa – União, Humildade e Caridade. Que o Pai Celeste vos abençoe!

Venâncio Café

Mensagem de Bezerra de Menezes

Psicografada por Francisco Cândido Xavier, no Centro Espírita "Dias da Cruz", na noite de 19 de maio de 1942.

Irmãos muito amados, que a glória das alturas se derrame sobre todos os Homens de Boa Vontade, onde quer que se encontrem, nas atividades do labor divino. Fala-vos o amigo de todos os instantes, o apagado servo de nosso Senhor Jesus Cristo, que vem rejubilar-se convosco pelas alegrias da solidariedade fraternal.

Sigamos para frente, apesar das sombras que invadem os caminhos. O Espiritismo é a vigorosa esperança dos tempos novos. Entretanto, não poderá atingir finalidades gloriosas do seu trabalho sem o esforço dos seus obreiros fiéis.

Vejamos, meus amigos, o precioso quadro de realizações desde o Codificador até hoje. As aspirações da imortalidade, os anseios santos da fé, encontraram na doutrina consoladora dos Espíritos o seu divino sustentáculo.

Enquanto os filósofos negativistas preparavam um século XX cheio de máquinas e de teorias esterilizadoras, Jesus movimentava os Seus operários abnegados e puros para que as florações sublimes da crença não se perdessem ao longo das teses de negação. A Doutrina surge como poderoso foco de revelações para a humanidade moderna. Em toda parte, observavam-se corações em êxtase maravilhados com a nova luz. As fantasias dogmáticas foram relegadas ao lugar que lhes competia, ao passo que nova esperança se instalava nos corações. Temos quase um século de esforço incessante de projetos expressivos, de votos renovados. O velho mundo preferiu a estação do exame meticuloso, rigorista, pautando as suas normas pelo critério científico, como se a crise do mundo obedecesse a um problema de pesos e medidas materiais. Numerosas coletividades repousaram nas exigências descabidas desprezando a fé e o sentimento como postulados desnecessários à irradiação das verdades novas. Sabeis que a espiritualidade se movimentou célere, trazendo aos povos da América

Dr. Bezerra de Menezes (Acervo Centro de Documentação Espírita do Ceará)

o sagrado depósito religioso. Entre nós, o Espiritismo, antes de tudo, representa luz no coração, bússola do sentimento, elevação moral do Homem. Graças à Providência Divina, os nossos núcleos não se resumem a círculos de pura observação pretensiosa, mas, às casas de Cristo, onde o seu amor deve correr como água viva. Não podeis, por enquanto, imaginar a grandeza da nossa luta, de nossos ideais.

A Terra tem os seus véus, que obscurecem a visão sagrada do espírito. Entretanto, apesar de semelhantes condições, permanecei convictos de que a nossa tarefa é a maior de todas; é o esforço de restaurar o Cristianismo, oferecendo-lhe os nossos corações. Amigos, é nesse círculo espiritual que as nossas responsabilidades são profundas. Se não temos disciplinas ferrenhas e dogmáticas, se não possuímos sacerdócio organizado ao feitio de outras confissões religiosas, temos a identidade da tarefa, o serviço em comum.

Quantas vezes encontramos a afirmativa de que o Espiritismo, pela liberdade conferida aos seus operários, é um rebanho sem pastor? Diante dessa declaração de irmãos nossos, é preciso recordar que o nosso pastor é Jesus, que o nosso Mestre é sempre Ele mesmo. Pela sua condição de intangibilidade para as nossas mãos materiais, não poderíamos significar sua ausência. Cristo está ao lado de Seus discípulos fiéis, onde quer que permaneçam. Por isso mesmo, ao momento que passa, os irmãos, pela tarefa, não podem olvidar o dever de solidariedade, trabalhos e tolerância, aliás, anunciado por Allan Kardec, desde os dias primeiros da Codificação. Não confundamos liberdade com desobediência. A liberdade digna com Deus é aquela que lhe respeita os desígnios sem esquecer as obrigações de cada dia. Sejamos livres, sendo, ao mesmo tempo, escravos uns dos outros em Jesus Cristo. Não haverá obra útil em que faleçam os princípios sagrados da cooperação. É preciso auxiliar a fim de se colher resultados úteis. Não esqueçamos que nosso coração é como um templo luminoso em que o Mestre virá ao nosso encontro. De modo geral, temos observado fenômenos há quase um século; nossas atividades muito hão perdido na esfera das puras discussões sem finalidades essenciais. Recolhamo-nos, agora, a nós mesmos. Examinemos as possibilidades infinitas, latentes em nossa organização espiritual.

Somos também como a terra; necessitamos de tratamento de irrigação e de adubo, antes da semeadura. Cada coração é qual continente ignorado, portador de reservas de grandeza infinita. Não procedamos como os trabalhadores ociosos, que discutem ao lado das ferramentas nas oficinas. Movimentemos as mãos na estrutura de nossa personalidade espiritual. Quando digo "nós", procedo obedecendo a princípios de justiça; porque desencarnação não significa redenção. Nosso esforço na esfera invisível aos vossos olhos é profunda, de maneira a atingirmos a "nova terra" das luzes imortais. Unamo-nos, pois, no serviço bendito da iluminação própria. Lembremos que a luta é o meio, ao passo que a perfeição é o fim. Não temremos as quedas. Cairemos ainda muitas vezes; entretanto, devemos colocar, acima de tudo, o nosso propósito decidido de alcançar a dolorosa exemplificação do que ocorre no mundo europeu. Mais de cinquenta anos de Espiritismo científico não conseguiram dissimular a crueldade dos preconceitos na coletividade. A destruição, a morte, o arrasamento, a miséria são hoje dilacerados espinhos na coroa de sofrimentos de um continente inteiro. Guardemos o Espiritismo-sentimento como tesouro que nos foi confiado pela Magnanimidade Divina. A ciência raciocina; mas o amor edifica. O cérebro procede à verificação; mas somente o coração pode e sabe criar.

Bezerra e D. Maria Cândida de Lacerda, sua primeira esposa. (Acervo Antonio Lucena)

Bezerra de Menezes quando 2º.cirurgião-tenente. Este uniforme, diferente do outro (jordão de gala) em que aperece noutras fotografias, era utilizado no dia a dia, no seu ofício de militar. (Acervo do Centro de Documentação Espírita do Ceará)

Comprometamo-nos, pois, meus amigos, a retificar a aliança divina da fraternidade em Jesus.

Sejamos Irmãos uns dos outros, certos de que já encontramos numerosos críticos na estrada vasta do mundo.

Amemo-nos muito, não só de palavras, mas empenhando o coração inteiro nesses sublimes compromissos. Não vos poderia, a meu ver, trazer outra mensagem.

Que Jesus nos auxilie a guardar e a defender as suas verdades santas, dentro da iluminação de nós mesmos e da iluminação do mundo, são os votos do amigo e irmão de sempre.

Bezerra de Menezes

AO IRMÃO VAZ

Não basta se tornar espírita atuante para fazer desaparecer os problemas que todos carregamos, uns mais, outros menos. A militância no movimento, por vezes, aumenta-os como que a nos submeter a testemunhos que venham colocar à prova nossa fé. O próprio Cristo não ofereceu nenhuma facilidade ao jovem que pediu a receita para alcançar o Reino dos Céus: Então vá, largue tudo o que tens, pegue tua cruz e segue-me! Não esperemos facilidades, portanto, ao assumirmos nossas tarefas doutrinárias, mas peçamos à Espiritualidade maior força e sabedoria para enfrentar os problemas e suavidade para resolvê-los.

A presente mensagem de Emmanuel tem caráter particular, mas seus conselhos servem para todos nós, trabalhadores da seara espírita, e permanecem atuais, apesar da distância do tempo e de se referir a um episódio específico dos anos de 1940.

Esse episódio, motivo do conteúdo da comunicação, passou-se na União Federativa Espírita Paulista envolvendo Joaquim Augusto Vaz, Caetano Mero, Américo Luiz Fernandes e outros dirigentes daquela Instituição, que mantiveram por quase dois anos no ar a Rádio Piratininga, a primeira emissora genuinamente espírita do Brasil. A Rádio teve seu prefixo cassado, por influência da Igreja, por Getúlio Vargas e envolveu muitas demandas judiciais e políticas que hoje fazem parte da história e não nos compete comentar aqui.

Válido, mesmo, são os conselhos e o carinho de Emmanuel para com o confrade Vaz, cujas lições contidas na mensagem convidam-nos à reflexão.

Mensagem de Emmanuel, recebida por Francisco Cândido Xavier, em Leopoldina-MG, em 17 de junho de 1942.

Meu caro irmão Vaz:
Deus te abençoe o espírito dedicado e laborioso.
É ao teu coração, meu bom amigo, que dirijo as presentes palavras; com que direito? Poderias perguntar naturalmente. E eu, que aqui me encontro na qualidade de irmão mais velho, posso dizer que estou usando os direitos do Amor. Falece-me autoridade, bem o reconheço, mas, o Amor vibra em minh'alma e é por essa mesma razão que te dirijo este apelo.

Ouve, meu amigo! Que companheiro mais devotado para nós outros, poderia existir, além de Jesus? Ouçamo-lo no divino silêncio de nossa alma consagrada ao seu divino serviço. E a voz de Jesus tem profunda ressonância em nossas almas. Busquemos anotar a grandeza espiritual de suas afirmativas que nos induzem ao perdão, ao amor, à caridade fraternal.

Por que manter o círculo de preocupações obscuras em torno de teu coração, sempre devotado ao trabalho do bem?

O homem, meu amigo, por vezes, não observa de pronto a rede sutil de perseguições que lhe colheu o espírito menos avisado. Teu maravilhoso jardim, cheio das flores e das bênçãos de Deus, atraiu o pensamento de malfeitores solertes e ingratos. Não permitas que os resultados divinos dos teus esforços de discípulo sincero sejam arrebatados.

Jornalista Odilon Negrão, Diretor da Rádio Piratininga, fazendo discurso no lançamento da pedra fundamental do edifício que abrigaria seus estúdios e administração.

Volta a erguer as muralhas de tua Fé; não abandones a defesa de teu patrimônio espiritual. A luta é grande, o esforço não se poderá atenuar em nenhuma estação da experiência purificadora e amigos devotados inclinam-se, da esfera espiritual, sobre os teus caminhos, de maneira que se faça mais Luz em teu espírito bondoso. Não te entregues, meu amigo, às cogitações dispersivas, conduzindo-te pelo espírito de discórdia que avassala os caminhos de numerosos irmãos.

Conhecemos o quilate de teus esforços para não obedecer aos alvitres sutis, tantas vezes lançados sobre a esfera de teus pensamentos, pelas esferas da sombra.

Lutaste, trabalhaste, em vão tens ponderado laboriosamente.

Entretanto, pedimos-te, de coração, mais um esforço.

Não desfaças a oportunidade de reunir novamente o teu trabalho ao de teus amigos. Não te sintas ofendido por ninguém. Volta, meu filho, ao cultivo do jardim de tua fé. Se tens mágoas, esquece e renova os teus serviços com Amor. As árvores podadas assemelham-se às almas em experiências dolorosas. Deixa que os ramos novos cresçam de novo em torno de seus caminhos. Acaso terias esquecido que nos devemos amar reciprocamente como irmãos?

Quem te fala é teu amigo nas lutas milenares. Jesus não permitiria minha voz ao teu lado, nestas palavras, se não tivéssemos um laço mútuo, no caminho obscuro do passado espiritual. Muitas vezes, meu caro Vaz, também eu levei muito longe a minha severidade no julgar, quase sempre me perdi pelo personalismo extravagante, inutilizei sagrados ensejos de aprender, pelo meu excessivo egoísmo, na esfera individual. Raramente aceitava a colaboração de meus amigos, quando destoasse de meus princípios pessoais, e não poucas vezes movimentei as forças do escândalo para assentar-me tranquilamente nas posições do aplauso público.

Mas, ai de mim, meu amigo! Minha severidade era inútil, meu personalismo um veneno cruel que não atacava senão a mim próprio.

Vês, portanto, que te fala um irmão mais velho que se honra em te escrever como um pai. Fui sempre mau e egoísta em passados de sombra e, por isso, aqui estou para te dizer: Meu filho, volta à harmonia com os teus irmãos.

Quanto te dispuseres a esse ato de amor nas horas de ver que o sol de Jesus é bastante para quebrar toda a atmosfera psíquica que te rodeia, desde algum tempo. Estaremos contigo para o bom trabalho; entretanto, é indispensável que estejas também conosco. Não te percas em perspectivas de processos do mundo. Esquece a ilusão de que os tribunais convencionalistas podem estabelecer a concórdia nos corações. Aliás, meu amigo, semelhante movimentação judicial, no quadro de lutas da Terra, nada mais operaria que um sério agravante em tuas responsabilidades espirituais.

Esquece a fantasia venenosa daqueles que ainda não despertaram a consciência para a luz do Evangelho. Ainda que todos te ofendessem, ainda que todos te insultassem, aproximar-me-ia de teu coração e repetiria: Perdoa, meu filho.

Além do mais, todos te amam; os companheiros sentem a falta de tua cooperação. Porque tamanha tormenta por um simples mal-entendido que poderia solucionar-se por um carinhoso aperto de mãos?

Volta, meu caro Vaz, a ti mesmo e examina, em minha companhia espiritual, o problema da fraternidade necessária. O que te posso afirmar é que cada irmão espera por ti, com transportes de júbilo no espírito confiante.

Lembra, meu filho, que a realização radiofônica dos trabalhadores paulistas é um patrimônio que pertence a nós todos, encarnados e desencarnados. Trata-se de uma obra com o Cristo e para o Cristo. O dinheiro, as expressões materiais, as lutas humanas e os atritos comuns aí deveriam funcionar como simples instrumentos transitórios necessários à consecução do fruto divino. O que interessa é esse fruto, meu filho! – Por que deturpá-lo com as nossas franquezas quando o Senhor no-lo oferece substancioso e puro? Somos o tronco, repleto de sujidades pelo nosso pretérito delituoso, mas Jesus fará frutificar os nossos esforços, desde que não lhe perturbemos o ato de dar.

O Mestre quer ofertar; será possível que não saibamos nem mesmo receber em nosso próprio proveito?

Considera comigo, no silêncio do coração, semelhantes questões e volta aos teus amigos do dia de ontem.

Todos te aguardam, com anseios fraternais. Cesse a tempestade para que os serviços se harmonizem. Recordemos que a semeadura e a messe pertencem ao Senhor. Somos simples arados em Suas mãos divinas e essa circunstância, a nós outros, deve constituir um motivo de júbilo santo.

Sinto que teu coração redarguirá que talvez não tenhamos aprendido a extensão de tuas contrariedades e o volume de teus sofrimentos, mas somos dos primeiros a reconhecer que, ainda mesmo que houvesse semelhantes razões a serem consideradas, o problema seria de somenos importância.

Porque nos impressionarmos com a luta experimentada no mínimo que nos foi confiada na Terra, quando Jesus faz sempre o máximo serviço, em silêncio sagrado, afastando-se do nosso olhar agradecido.

Não, meu amigo; vejamos o caminho radioso que nos aguarda. Esquece os espinhos e as pedras, para pensar tão somente nos terrenos fecundos que esperam por tuas mãos. Vem, de novo, ao esforço da cooperação desinteressada e sincera. És a chave de uma grande porta para a harmonização de companheiros valorosos e abnegados. Permita que Jesus te utilize, meu filho. Vai a cada um daqueles que se tornarem solidários na discórdia para que a União os encontre, novamente, no caminho de Jesus. É tão difícil subir a montanha, entretanto, não temas os cansaços da ascenção. Serei teu cajado de arrimo para que a harmonia felicite o ambiente geral.

Que a PIRATININGA seja, de novo, a casa da alegria e da boa luz para todos. Vai sorrir e vai chorar ao lado de teus amigos. Esquece o dia de ontem, para meditar tão só a profunda misericórdia da Providência Divina. Lembra que o Senhor, cada dia, nos abre um livro de crédito na vida universal. Sua bondade está sempre interessada em olvidar nossos débitos.

Volta a ti mesmo, meu filho, e quando houveres feito isso, com sinceridade, sentirás, de perto, minha palavra fraterna em teu coração. Tenho procurado auxiliar-te, buscando reerguer tuas forças e o estado de nossa irmã Genuína, tua generosa companheira de lutas e alegrias na Terra. Se puderes, meu amigo, não desprezes

Caetano Mero, Presidente da União Federativa Espírita e da Rádio Piratininga (Fundador).

meu apelo amoroso. Não te peço por mim, mas e sim por Cristo. E, quando abraçares aos teus irmãos, quando a harmonia se fizer novamente em teus caminhos, hás de sentir, nesse instante, o calor de uns lábios velhos nas tuas mãos.

Serei eu que te levarei o ósculo da Paz, certo de que, acima de tudo, colocaste os interesses de Jesus Cristo.

Teu irmão e servo humilde.

Emmanuel

Nota: O original desta mensagem, psicografada por Chico Xavier, contém 16 folhas, devidamente numeradas pelo próprio médium.

Caetano Mero (terno claro) em frente ao ônibus da Fonte Áurea (Poá), que também pertencia à União Federativa Espírita Paulista.

Mensagens de Além-Túmulo

Sob o título acima, o opúsculo publicado pelo Centro Espírita Uberabense divulgou as comunicações recebidas por Chico Xavier na reunião pública de que participou naquela Entidade em 4 de maio de 1945. A poesia "Brasil, Pátria do Evangelho" foi publicada no livro *"Relicário de Luz"*, editado em 1962 pelo Grupo Espírita Fabiano, do Rio de Janeiro, e a mensagem de Eurípedes ficou inédita em livro.

Mensagem de Eurípedes Barsanulfo

Meus amigos, que a paz do Senhor nos fortaleça o coração na grande jornada.

O Espiritismo Cristão é a porta de luz que se abre à Humanidade. Amigos, nunca nos cansaremos de vos conclamar ao serviço da verdade e do bem. Falando-vos, guardamos a impressão de endereçar a palavra às fileiras da frente, àquelas que sustentam as lutas mais ásperas, que sofrem o mais perigoso assédio das forças das trevas. Conhecemos a dificuldade, a dor, o fel que vos amarga o coração ante os ataques da sombra; entretanto, meus irmãos, somos os felizes depositários da fé viva, lutadores que se rejubilam com as chagas e encontram benditas claridades nas lutas de cada dia, porquanto nos encontramos a serviço d'Aquele que é a Luz dos séculos terrestres. Inúmeras escolas religiosas foram chamadas a servi-Lo; no entanto, esquecem-se os seus expositores do trabalho universal da paz e do amor com o Cristo, perdendo-se nos terríveis desfiladeiros do sectarismo destruidor.

Busto de Eurípedes no Colégio Allan Kardec, fundado por ele em Sacramento-MG. No pedestal de granito, um medalhão de bronze representando o Espírito da Verdade, com as palavras "Os tempos são chegados." E abaixo: "A Eurípedes Barsanupho, homenagem da Família Espírita, 1929".

Procuraram Jesus, através das dissensões e da separatibilidade, como se não bastassem quase dois mil anos de ódio sanguinolento e separação entre as criaturas de Deus. Nossa tarefa é mais alta. Propomo-nos a atender ao chamado do Mestre através de nossa própria renovação, buscamo-lo acendendo a nossa luz interior, para que a nossa existência se constitua em pregação viva do Evangelho da Redenção.

Não alimenteis qualquer dúvida. O triunfo integral ainda permanece a distância. Até lá, é preciso subir o Calvário, negando a nós mesmos e suportando a gloriosa cruz. Pedradas da ignorância, açoites de ingratidão, surpresas dolorosas dos caminhos escuros vos surpreenderão na marcha para o Alto comando; contudo, mantende a vossa fé, porque Jesus, o Mestre Divino, socorrerá o discípulo fiel, onde quer que se encontre, estendendo-lhe a mão amiga, poderosa e fiel. Os generais da Terra traçam mapas com o sangue fraterno, enquanto os estadistas costumam desenhá-los com a tinta do ódio e das vinganças, mas Jesus estabelecerá, entre os homens, o Seu reinado Sublime de Amor. Lembrai-vos dos companheiros dos tempos apostólicos. Eles não morreram. Ressurgem das catacumbas distantes para falar-vos da necessidade de servir até o fim.

Vigorosas energias fluem para vós outros mais alto! É preciso não desanimar. O futuro pede o nosso esforço supremo.
Confiai, trabalhai sempre e esperai na Paz de Jesus.
Que Ele vos fortaleça e revigore o ânimo e conceda-vos a armadura interior da confiança e da alegria, são os votos do vosso amigo de sempre.

Eurípedes

D. Pedro II

Brasil, Pátria do Evangelho

Esta é a Pátria da Eterna Primavera,
Áureo torrão da América, celeiro
De abastança sublime ao mundo inteiro,
Nação, de que as nações vivem à espera.

Enquanto o antigo monstro dilacera
O Velho Mundo em nosso cativeiro
Brilha o pátio celeste do Cruzeiro,
Na vanguarda de luz da Nova Era!

Brasileiros, vivemos a aliança
Do trabalho, do bem e da esperança,
No País da Bondade, almo e fecundo!...

Exultai! Que o Brasil, desde o passado,
É a Pátria do Evangelho Restaurado
E o Coração da Paz do Novo Mundo.

Pedro d'Alcântara

CHICO XAVIER VISITA JUIZ DE FORA EM 1945

Juiz de Fora viveu, na semana de 2 a 9 de setembro de 1945, dias de vibrações fraternas e espiritualidade, quando confrades de várias cidades lá se reuniram para uma Semana Espírita que contou com a presença de Francisco Cândido Xavier, acompanhado de Rômulo Joviano. Dentre os confrades "forasteiros" que também prestigiaram o evento, estavam Leopoldo Machado, César Burnier, Orvile Dutra, Astolfo de Oliveira, Jacques Aboab, J.ª Oliveira e muitos outros das cidades Cruzeiro, Barra do Piraí, Rio de Janeiro, Três Rios, Barbacena, Astolfo Dutra, Belo Horizonte e São Paulo.

Chico Xavier, como não podia deixar de acontecer, colocou-se à disposição da Espiritualidade no dia 6, na reunião intitulada "De mulher para mulher", para receber comunicações mediúnicas que colaboraram para a alegria do ambiente.

Juiz de Fora, que sempre foi uma cidade de proa no movimento espírita mineiro, contava, à época, com cerca de 20 Casas Espíritas funcionando regularmente, e o Centro Espírita Venâncio Café foi o promotor do evento. O primeiro soneto "Ação de Graças", de João de Deus, em homenagem àquele Centro Espírita, não foi publicado em livro, o que ora fazemos:

Sob as colunas deste santo abrigo,
há multiplicação de pães do amor,
pela misericórdia do Senhor,
o Amado Mestre e nosso Eterno Amigo.

Ante as sombras do mundo tentador,
eis o refúgio isento de perigo,
na sementeira do Divino Trigo
das alegrias do Consolador.

Na vibração de paz que nos enlaça
entoemos o cântico de graça
pelas sublimes dádivas da Luz!

E que entre vós, amigos, sempre
esteja a acolhedora e sacrossanta
igreja do Divino Evangelho de
Jesus.

A seguir, Chico psicografa o soneto "Nova Luz", de Anthero de Quental, que pode ser encontrado na obra *"Através do Tempo"*, publicada pela Lake, em 1972:

Desfez-se a sombra do mistério errante...
e as vozes da Mansão Desconhecida,
trazem à morte estranha e indefinida
a mensagem da vida triunfante!

É a compassiva luz de Outro Levante
revelando a beleza de Outra Vida,
Sol para a Terra escura e irredimida,
fé para a humanidade vacilante...

Há claridade sobre a noite imensa...
Cai a negra muralha da descrença
aos lampejos celestes da verdade.

É a nova luz divina que se eleva
nos turbilhões de lágrimas e treva
trocando as sendas para a Eternidade.

Completando a noite de bênçãos, Leopoldo Machado é brindado com uma "notícia" de seu cunhado:

Leopoldo, meu caro amigo,
Meu campo agora é de mel,
Sem precisar de recibo
Das santas mãos de Ismael.

Anísio

Monumento em homenagem a João de Deus (1830-1896) em Coimbra, Portugal.

LÂMPADA ACESA

Jésus Gonçalves, antes de adquirir hanseníase.

Jésus Gonçalves reencarnou no pequeno vilarejo de Borebi, em 12 de julho de 1902. Pobre, órfão nos primeiros anos de vida, autodidata, conseguiu vencer na vida, adquirir estabilidade profissional, social e familiar. A vida, porém, reservava-lhe duros resgates. Diagnosticado com hanseníase (lepra) antes dos 30 anos, foi internado compulsoriamente no Hospital de Aymorés (Bauru-SP) e lá passou a viver o grande drama íntimo da revolta pelos sofrimentos físicos e a solidão que a moléstia lhe impunha. Ateu, no viço da juventude, ele procurava na poesia, no teatro e na música, derivativos para enfrentar sua desdita. Foi assim que criou grupos dramáticos e musicais em Aymorés e Pirapitingui, para onde se transferiu em 1937. No ano de 1943, converteu-se ao Espiritismo e, até 1947, quando desencarnou, foi um exemplo vivo de fé e de resignação e um excepcional propagandista da Doutrina.

Após o desencarne, foi-lhe revelada a situação de resgate compulsório que havia passado nesta encarnação como leproso pelos desvarios e crimes cometidos em suas encarnações como Alarico I e Alarico II e a sua redenção espiritual. Em vida, ele que se correspondia com Chico Xavier, logo após seu desencarne começou a enviar comunicações belíssimas em poesia e prosa por intermédio do médium, sempre falando de suas vidas pretéritas e incentivando companheiros à solidariedade junto aos seus irmãos hansenianos, como a presente mensagem dedicada ao confrade Flores e, seu grupo, que visitavam os Sanatórios em que estavam recolhidos esses doentes.

Irmão Flores,
Deus o abençoe pelo serviço aos hansenianos. Eu também peregrinei nos vales das sombras, de corpo chagado e oprimido, a fim de curar as úlceras da alma endividada e endurecida... Sim, meu amigo, o cântico da gratidão é mais harmonioso nas vozes que muitas vezes se consumiram, no desespero e na angústia, como a flor é mais bela e milagrosa na haste castigada de espinhos. Sou daqueles leprosos do Evangelho que não voltaram ao Divino Médico para agradecer, mas que, em seguida a dolorosas jornadas nas trevas, regressa aos discípulos d'Ele, renovado e humilde por beijar-lhes as mãos. Temos grande serviço a fazer, em favor do ressurgimento da esperança na alma daqueles que se refugiaram na solidão. Consciências em luta acerba sob golpes do escopo do sofrimento, as nuvens da aflição no pensamento atormentado transformam-se em portadoras da tempestade de lágrimas asfixiantes. Seja o Espiritismo Cristão uma lâmpada acesa dentro da imensa noite. Não basta o pão que mitigue a fome ou o bálsamo que nos suavize as feridas no corpo da Tona. Temos necessidade de carinho, de fraternidade, de compreensão. É nessa base de entendimento evangélico que conseguiremos mais eficiente equação ao problema de conforto aos hansenianos, nossos irmãos. Por que não sorrir ao semelhante que a provação redentora pune e aprimora? Por que retirar o gesto amigo ao companheiro relegado quase sempre ao infortúnio e à desesperação? Doutrina consoladora e sublime, o Espiritismo vem abrir-nos horizontes novos.
O hanseniano não é um revoltado congênito nem um celerado que as leis sociais possam condenar ao supremo abandono. Haja mais amor e a sementeira da fé viva florescerá para os que receberam com a enfermidade terrível o banimento do lar e a deserção, muitas

Grupo de hansenianos em frente à Sociedade Espírita Santo Agostinho, em Pirapitingui. Jésus Gonçalves está sentado, tendo ao seu lado Ninita (1946).

vezes dos corações mais queridos. Estamos a postos e rogamos geral auxílio. Não esmolamos dinheiro para os corações infortunados que a dor situou em resvaladouros de infinita amargura. Pedimos fraternidade, compreensão, esperanças e luz. Unamo-nos, amigos, no serviço de proteção espiritual que aclare a senda dos companheiros que descreram da piedade humana! Afeiçoemo-nos ao Evangelho que nos recomenda o amor sublime uns aos outros.

E agradecendo-lhe, meu amigo, pela tarefa iniciada, em benefício da renovação interior dos filhos da lepra redentora, sob a claridade do Espiritismo cristão, deixamos a todos os cooperadores do bem o apelo a favor dos que choram na sombra, em nome d'Aquele Divino Amigo que se imolou, por nós, nas chagas da cruz.

Jésus Gonçalves

(Mensagem recebida pelo médium Francisco Cândido Xavier, em 23-8-1948, em reunião pública em Pedro Leopoldo.)

Em nome do Evangelho

Os paulistas haviam realizado o 1º Congresso Espírita de São Paulo de 1º a 5 de junho de 1947, cujo resultado alvissareiro foi a criação da USE – União das Sociedades Espíritas do Estado de São Paulo –, terminando uma disputa em que quatro Federativas estaduais arvoravam-se ao direito de assumir a liderança do movimento filiando Casas Espíritas. As quatro Federativas, Federação Espírita, União Federativa Espírita, Sinagoga Espírita e Liga Espírita, passaram a ser intituladas "patrocinadoras" e assumiram o compromisso de extinguir seus Departamentos Federativos e repassar suas incumbências à USE, sendo que suas Instituições adesas deveriam se alinhar a este único movimento de unificação. Isso realmente se deu no começo, mas infelizmente esse compromisso foi rompido. Atingindo na época um segmento restrito, a unificação nem sempre foi entendida, mas, se não fizesse parte de um planejamento do Alto, ela não teria sobrevivido e dado os bons frutos que sempre deu ao movimento espírita paulista.

A calmaria aparente começou a prenunciar a borrasca, quando interferências externas roustainguista (leia-se corrente rustanguista) tentou se aproximar dos useanos. São Paulo sempre fora avesso em aceitar as teses de Roustaing e à disputa acabou com a decisão de

Participantes do 1º Congresso Espírita em 1947.

se convocar um Congresso Centro-Sulino que, em face da repercussão nos Estados do norte e do nordeste pela condenação da FEB ao mesmo, acabou se tornando o *1º Congresso Nacional Espírita em São Paulo*.

Chico Xavier, mostrando estar atento aos acontecimentos do movimento espírita nacional, envia bela mensagem de incentivo aos confrades organizadores do Congresso; porém, hoje, mais de cinquenta anos depois do evento, fazemos uma leitura calcada nos acontecimentos históricos e podemos observar a exortação de Chico, nas entrelinhas, pela pacificação dos ânimos e dos contendores das ideias. Mais uma vez, Chico foi o fiel intérprete das preocupações do Plano Espiritual quanto à saúde de nosso movimento.

O Congresso ocorreu de 31 de outubro a 5 de novembro de 1948 e a mensagem chegou às mãos dos organizadores alguns dias antes.

Em nome do Evangelho

"Para que todos sejam um" Jesus (João, 17:22)

Reunindo-se aos discípulos, empreendeu Jesus a renovação do mundo.

Congregando-se com cegos e paralíticos, restitui-lhes a visão e o movimento.

Misturando-se com a turba extenuada, multiplicou os pães para que lhe não faltasse alimento.

Ombreando-se com os pobres e os simples, ensinou-lhe as bem-aventuranças celestes.

Banqueteando-se com pecadores confessos, ensinou-lhes e retornou ao caminho de elevação.

Partilhando a fraternidade do cenáculo, preparou companheiros na direção dos testemunhos de fé viva.

Compelido a oferecer-se em espetáculos na cruz, junto à multidão, despediu-se da massa, abençoando e amando, perdoando e servindo.

Compreendo a responsabilidade da grande assembleia de colaboradores do Espiritismo brasileiro, formulamos votos ardentes para que orientem no Evangelho quaisquer princípios de unificação, em torno dos quais entrelaçam esperanças.

Cremos que a experiência científica e a discussão filosófica representam preparação e adubo no campo doutrinário, porque a semente viva do progresso real, com o aperfeiçoamento do homem interior, permanece nos alicerces divinos da Nova Revelação.

Cultivar o Espiritismo, sem esforço espiritualizante, é trocar notícias entre dois planos diferentes, sem significado substancial na redenção humana.

Lidar com assuntos do céu, sem vasos adequados à recepção da essência celestial, é ameaçar a obra salvacionista.

Aceitar a verdade, sem o desejo de irradiá-la, por meio do propósito individual de serviço aos semelhantes, é vaguear sem rumo.

O laboratório é respeitável.
A academia é nobre.
O templo é santo.
A ciência convence.

A filosofia estuda.
A fé converte o homem ao Bem Infinito.
Cérebro rico, sem diretrizes santificantes, pode conduzir à discórdia.
Verbo primoroso, sem fundamentos de sublimação, não alivia, nem salva.
Sentimento educado e iluminado, contudo, melhora sempre.
Reunidos, assim, em grande conclave de fraternidade, que os irmãos do Brasil se compenetrem, cada vez mais, do espírito de serviço e renunciação de solidariedade e bondade que Jesus nos legou.
O mundo conturbado pede, efetivamente, ação transformadora. Conscientes, porém, de que se faz impraticável a redenção do Todo, sem o burilamento das partes, unamo-nos no mesmo roteiro de amor, trabalho, auxílio, educação, solidariedade, valor e sacrifício que caracterizou a atitude do Cristo em comunhão com os homens, servindo e esperando o futuro, em seu exemplo de abnegação, para que todos sejamos um em sintonia sublime com os desígnios do Supremo Senhor.

Chivo Xavier psicografando

Emmanuel

Tão Vital como o Trigo

Emmanuel, guia espiritual do médium Francisco Cândido Xavier, em sessão realizada na cidade de Pedro Leopoldo, Estado de Minas, durante a visita dos confrades D'Ângelo Neto e Heitor Giuliani, representantes do Clube dos Jornalistas Espíritas, no dia 3 de abril de 1950, quando Chico completava 40 anos, transmitiu-lhes esta bela mensagem que se constituiu num vigoroso incentivo à Campanha do Livro Espírita que o Clube dos Jornalistas estava liderando.

Meus amigos, muita paz.

A obra do livro e do jornal, no campo do Espiritismo Evangélico, é tão vital para o progresso do mundo quanto a sementeira de trigo ou a canalização de fontes renovadoras e puras, destinadas a sustentar a segurança, o bem-estar e a saúde da coletividade.

O mundo espiritual na Terra de agora é um conjunto de complexidades crescente, reclamando o devotamento de todos os cooperadores do bem, mormente no setor iluminativo da inteligência, uma vez que, se apenas a matéria orgânica transformada é adubo valioso do solo, convocado à produção econômica, somente a ideia evoluída e santificada conseguirá fertilizar os continentes da alma humana, necessitada de luz.

Não precisamos repetir que a máquina, aperfeiçoando o esforço da civilização, trouxe problemas de equação difícil para a vida mental em todos os círculos da redenção planetária. Em toda parte, sentimos o imperativo do esclarecimento e da educação; entretanto, sabemos, hoje, que os antigos processos acadêmicos, se habilitam o cérebro para os primores da técnica profissional, de modo algum respondem aos anseios de ascenção do espírito eterno que, em todas as latitudes do Universo, pede paz e aprimoramento para ser feliz. Os velhos templos de pedra não guardam mais o calor necessário à lavoura da fé e, enquanto a filosofia mergulha em abismos teóricos, a ciência confia-se ao cativeiro da política de hegemonia, para a qual sempre se inclinam as nações poderosas do mundo, sequiosas de dominação.

O tempo, contudo, não cessa de verter sobre a humanidade os recursos incessantes de elevação e aperfeiçoamento sobre a utilização dos quais cada um de nós é interpelado, a seu tempo, perante as forças equilibrantes que integram o tribunal da Justiça Divina.

Reconhecemo-nos, pois, à frente de obstáculos escuros e inquietantes em todos os trilhos do pensamento, e não encontramos, sinceramente, outra solução que não seja a de converter a imprensa espiritista cristã em claridade ascendente, cujas irradiações alcancem os mais recônditos setores da atividade comum.

O livro é, no fundo, o material vivo de construção do eterno domicílio da alma imortal, que se vai engrandecendo e iluminando, à medida que se sublima o usufruto de suas vantagens salvadoras, que é o próprio homem, ao passo que o jornal é, a nosso ver, a mesa permanente de pão emocional e idealístico, para a criatura que já abandonou as bases da vida primitivista, em voo para a glória da virtude e do conhecimento.

Assim, pois, meus amigos, saciemos a fome do corpo, e atendamos ao nosso irmão menos afortunado da senda terrestre, oferecendo-lhe agasalho e conforto, mas não nos esqueçamos de fazer mais luz para o raciocínio e para o sentimento, incentivando a escola e a imprensa, em cujo sistema de socorro espiritual aprendemos a ouvir os orientadores do passado, a receber o influxo das almas redimidas e abnegadas, que nos amparam no presente, e a sentir as sugestões *e estímulos do futuro, para a exaltação do Evangelho, que é o livro divino, a cuja claridade imortal preparamo-nos, pelo estudo e pelo trabalho, pelo amor e pela dor, para encontrar a alegria divina de servir vitoriosamente, em perfeita sintonia com Jesus, Nosso Mestre e Senhor.*

Emmanuel

A foto mostra a visita a Pedro Lopoldo, cidade natal de Francisco Candido Xavier, dos enviados especiais de "O Kardecista", que tiveram o oportunidade de assistir ao transcorrer de 40.º aniversário de Chico Xavier e a inauguração do novo edifício do Centro Espírita "Luiz Gonzaga". No primeiro plano, ao centro, Chico Xavier, ladeado por confrades do Rio de Janeiro e de Belo Horizonte. Ao alto, da esquerda para direita, Heitor Giuliane, Domingos Antônio D'Angelo Neto e um confrade de Belo Horizonte.

VISITA A MURIAÉ

Eis uma belíssima mensagem digna de figurar em qualquer dos livros psicografados pelo Chico e que fomos garimpar escondida no *Reformador* de junho de 1950, recebida por Francisco Cândido Xavier em Muriaé.

Meus amigos, o Senhor nos ilumine e fortaleça.

O Espiritismo é a grande luz que se derrama em catadupas de bênçãos sobre a humanidade sofredora e atormentada; e cada santuário doméstico, que lhe entroniza a claridade no altar mais íntimo, é abençoado núcleo distribuidor dos celestes dons que fluem, incessantemente, do Alto. Temos aqui, portanto, a revelação do porvir terrestre.

A verdade, libertada dos tempos de pedra que a algemam a férreos princípios convencionais, atravessa o lar, à maneira de corrente cristalina, aliviando corações dilacerados, sarando velhas úlceras e preparando almas para a vida eterna.

Prescindimos aqui do sacerdócio organizado, porque, individualmente, cada companheiro oficia ao Supremo Senhor, no santuário de si mesmo; dispensamos o fausto do culto externo, porquanto a veste do crente à sua própria indumentária viva de sentimentos edificantes; não necessitamos de códigos preestabelecidos a legislarem sobre a nossa fé, porque a convicção de imortalidade nasce pura e sublime no livro de cada um de nós, expresso no coração com que amamos e vibramos dentro da vida. Maior revelação não encontraremos por agora, além dessa bendita oportunidade de serviço com Jesus, em sagrado conjunto de forças a se desdobrarem, uníssonas, à procura da concretização da caridade e da harmonia da Terra.

Um lar sintonizado com Cristo é uma orquestra divina. Contemplam-se os instrumentos do Bem, aí dentro, espontaneamente compondo a música do Amor em derredor de todos os peregrinos que marcham nos círculos de luta redentora em busca da espiritualidade superior.

Não tendes, desse modo, mensagem mais expressiva a recordar-vos senão a da oportunidade santificante que repousa em vossas mãos.

Cada servidor é chamado à tarefa que lhe é própria. Cada trabalhador tem serviço especializado na obra do mundo, o qual ocorre à semente que se reveste de utilidade diferente nas leiras da vida.

Cada missionário permanece no ministério de que é detentor.

Cada conjunto de servidores, trabalhadores e missionários guardam responsabilidades diversas em nossos círculos.

Assim, saudamos não só a fé renovadora que vos possui, mas também a diligência que vos assinala os passos no desempenho das obrigações que vos cumprem executar.

Crede que a riqueza do lar convertido em manancial do Evangelho é tesouro cobiçado por milhões de operários que perderam o dia ou esfacelaram as ferramentas que a Bondade Divina lhes confiou. Grande é, por isto, a vossa fortuna à frente do erário eterno, e maior será o vosso galardão se souberdes marchar unidos, ao encontro dos objetivos que nos entrelaçam os propósitos.

E essa jornada, meus amigos, no fundo, é constituída por serviço constante no Bem.

Cada ângulo de dor do caminho, cada irmão desesperado, cada companheiro ignorante e desiludido representa ocasiões luminosas de ação com o Senhor. O discípulo distraído costuma perder-se em variadas e inúteis indagações, com respeito às provas, olvidando que as provas mais elevadas da Terra não são aquelas que a dor traz habitualmente consigo, arrasando muitas vezes os corações desprevenidos e invigilantes.

Cada momento de socorro aos semelhantes, no capítulo da bondade e da tolerância, é realmente glorioso minuto de prova benemérita, no qual poderemos desenvolver nossa capacidade máxima de assimilação do Evangelho Salvador.

Em vista dessa verdade, este é o nosso roteiro com o Cristo, atividade com Jesus, nos setores do esforço diário, a fim de que não precisemos escrever Espiritismo para os outros, mas que o Espiritismo escreva em nós as suas lições imperecíveis de iluminação, santificação e vitória. Que o Mestre nos abençoe a divina aspiração de executar-lhe os desígnios soberanos e misericordiosos, onde estivermos. São os votos do irmão e servo reconhecido.

Aires de Oliveira

(Mensagem recebida pelo médium Francisco Cândido Xavier, em junho de 1949, na cidade de Muriaé - MG.)

Chico Xavier conversa com Clementino de Alencar, repórter do Jornal "O Globo", em 1935, em Pedro Leopoldo-MG. (Acervo do Centro de Documentação Espírita do Ceará)

CARAVANA DA FRATERNIDADE

Lins de Vasconcelos

Após o advento do Pacto Áureo em 1949, o idealista confrade Leopoldo Machado liderou a chamada Caravana da Fraternidade, que tinha o objetivo de aproximar espíritas e confraternizar sociedades espíritas no norte e nordeste do país. Os caravaneiros foram: Leopoldo, Lins de Vasconcelos, Carlos Jordão da Silva, Francisco Spinelli, Ary Casadio e, posteriormente, Luiz Burgos Filho.

Toda a viagem, que durou cerca de 45 dias, entre novembro e dezembro de 1950, foi descrita por Leopoldo no livro *"A Caravana da Fraternidade"*. O grupo dissolveu-se em 13 de dezembro de 1950, em Belo Horizonte, após ter sido recebido no dia anterior por Chico Xavier em Pedro Leopoldo. Nesse encontro com Chico, duas mensagens transmitidas pelos Benfeitores Espirituais falam do júbilo e do sucesso da missão empreendida pelos dedicados confrades. A primeira foi psicografada por Emmanuel em 11 de dezembro de 1950.

Foto de Leopoldo Machado (novembro de 1950) em Fortaleza/CE durante a peregrinação da Caravana da Fraternidade. Está ladeado pelos líderes espíritas locais Maurício Holanda (mais alto) e José Borges. (Acervo do Centro de Documentação Espírita do Ceará)

Meus amigos, muita paz. Jesus é o centro divino da verdade e do amor, em torno do qual gravitamos e progredimos.

Por se guardarem leais em torno d'Ele, unidos não só nas plataformas verbalísticas, mas também na fraternidade real e no espírito de sacrifício, os cristãos da epopeia evangélica inicial sofreram, lutaram e amaram, durante trezentos anos, esperando a renovação do mundo.

Hoje, o espetáculo é diferente. Não mais tronos de tirania na governança dos povos, e não mais os circos de lama e sangue, exigindo a renúncia extrema nas angústias da sombra e da morte mas prevalecem dentro de nós as forças escuras da perturbação e da desordem, reclamando o exercício de toda a nossa capacidade de trabalho restaurador do mundo de nós mesmos.

Há uma Terra diferente, aguardando-nos os corações e as mãos na restauração da Vida. E o Espiritismo Cristão, pelos espiritistas, é a luz que deve resplandecer para os tempos novos.

Daí, o imperativo de nossa unificação nos alicerces do serviço. Claro que a sintonia absoluta de todas as interpretações doutrinárias, num foco único de visão e realização, é impraticável e, por agora, impossível.

Cada criatura contempla a natureza e o horizonte do ângulo em que se coloca. O semeador do vale não verá o mesmo jogo de luz no Céu, suscetível de ser identificado pelo observador do firmamento situado no monte.

Que os trabalhadores do Bem sejam honrados na posição digna em que se colocam. O jovem é irmão do mais velho e aquele que ampara o alienado é companheiro do missionário que escreve um texto consolador. A Doutrina Redentora dos Espíritos é um edifício divino na Terra, e o servidor que traça paisagem simbólica e sublime no altar mais íntimo desse domicílio sagrado de fé não pode ironizar o cooperador que empunha a picareta, nas bases da casa para sustentar-lhe a higiene, a segurança e a beleza, muitas vezes com suor e lágrimas.

Cultuemos, acima de tudo, a solidariedade legítima. Nossa união, portanto, há de começar na luz da boa vontade.

Guardemos boa vontade uns para com os outros, aprendendo e servindo com o Senhor, e felicitando aos companheiros que se confiaram à tarefa sublime da confraternização, usando o próprio esforço.

Rogo ao Divino Mestre que nos fortaleça e ajude a todos nós.

Emmanuel

Foto da rua onde nasceu Chico Xavier em Pedro Leopoldo. (1951)

Leopoldo Machado    *Francisco Spinelli*    *Carlos Jordão da Silva*

Nessa mesma noite, Amaral Ornelas brindou os caravaneiros com este belo soneto. Na introdução, palavras carinhosas: *Aos queridos irmãos Leopoldo Machado, Francisco Spinelli e Carlos Jordão, no quadragésimo dia de nossa tarefa de unificação.*

UNIÃO

Unamo-nos, irmãos, enquanto fulge o dia,
guiando o arado à frente em plena primavera,
pela fraternidade, a fé nobre e sincera,
edifica, entre nós, o Reino da Harmonia.

O Espiritismo é a luz que se eleva e anuncia
a Nova Humanidade ao sol da Nova Era,
no Evangelho do Amor, que salva e regenera,
para a renovação da perpétua alegria.

De mãos dadas a Cristo, unidos venceremos,
na excelsa direção dos Páramos Supremos,
onde a Vida Imortal é fúlgido destino.

O Céu espera em nós, para a glória do mundo,
um rebanho somente em trabalho fecundo,
uma fé soberana e um só Pastor Divino.

Tarefa de Unificação

Esta mensagem foi recebida em 20/02/1951 pelo médium Francisco Cândido Xavier em Pedro Leopoldo, na presença do Dr. Arthur de Vasconcelos Lopes.

Assinou-a o espírito José Lopes Netto que, quando encarnado, foi também médium clarividente, sonambúlico, psicógrafo, curador e clariaudiente. Orador inspirado e vibrante, já aos 19 anos de idade era chamado a presidir a Federação Espírita do Paraná.

A comunicação transcrita de "O Mundo Espírita" de 17/03/1951, recebeu de Lins Vasconcellos o seguinte comentário: "Peço especial atenção de todos os confrades, suplico mesmo essa atenção, tanto dos que são pela Unificação quanto dos que a combatem ou dela discordam para os termos dessa comunicação imparcialíssima.

Subscrevo, por isso, os seus termos, mesmo porque reconheço, e sempre reconheci, a necessidade da colaboração de quantos se interessam pela Unificação dos Espíritas do Brasil e de suas Instituições para apressar o advento da fase em que vão atuar os Grandes Obreiros, diante dos quais não sou sequer digno de varrer o caminho.

Aí fica o meu apelo, sem exclusão de quem quer que seja para nos irmanarmos todos na Obra do Bem, cancelando queixas e azedumes, para nos lembrarmos, todos, apenas dos deveres espirituais decorrentes da nossa missão na Terra".

Foto histórica mostrando Lins de Vasconcelos discursando durante o concorrido 1º Congresso de Mocidades Espíritas do Brasil, realizado no Rio de Janeiro, em 1948.

Tarefa de Unificação.

Meu amigo, paz e luz.

Continuemos na tarefa da unificação, embora os percalços com que somos defrontados.

Quem se propõe à realização de serviço desta natureza, naturalmente não pode invocar a compreensão imediata. Antes de tudo, é indispensável harmonizar, no entendimento da fraternidade legítima. Vivificar é equilibrar.

Entretanto, ninguém ajusta e reajusta, adotando a reprovação sistemática por diretriz de cada dia. O golpe, a censura, a escaramuça, a fermentação palavrosa não auxiliam na obra que pretendemos fazer. A nossa atividade, será, sobretudo, apostólica nos fundamentos, de modo a atingirmos os centros mentais, o cerne das questões ou a profundeza dos acontecimentos, único processo de renovação substancial aconselhável no ministério a que consagramos presentemente a nossa atenção.

Não nos achamos à frente de uma edificação mecânica e, sim, de uma sementeira reclamando paciência, dedicação e tempo. Sem que nos apercebamos da grandeza espiritual do assunto, emprestando-lhe as nossas melhores energias, debalde alinharemos observações e críticas que, no fundo, não passarão de vinagres e fel sobre feridas que exigem amparo e bálsamo.

Avancemos, despertando os companheiros de ânimo firme e de bondade resoluta, que saibam alçar os padrões evangélicos, acima dos caprichos individuais, em afirmações vivas e seguras de boa vontade.

Se o Cristo espera por nós, há milênios, por que violentarmos o próximo, esperando de outros as demonstrações que de nós mesmos, em muitas ocasiões, ainda não podemos dar?

Compreendamos, acima de tudo, e os enigmas serão solucionados favoravelmente. Convençamo-nos de que somos os servidores e, conferindo a Jesus o título de Supremo Orientador, aceitemos, para os nossos destinos, os propósitos e desígnios d'Ele em qualquer circunstância, para que sejamos peças afinadas e seguras na máquina da evolução. De outra forma, o nosso ideal pereceria no berço por ausência de instrumentalidade nos grandes momentos da execução. Espiritismo é a nossa oportunidade de vida sob a direção do Mestre e Senhor. Façamos da Bendita Doutrina o campo da nossa prática de fraternidade, serviço, sublimação, entendimento e, inquestionavelmente, estaremos trilhando o caminho da própria Redenção.

    Receba um forte abraço do companheiro, irmão e "velho" amigo.

José Lopes Netto

José Lopes Netto

FALA D. MECA, MÃE DE EURÍPEDES BARSANULFO

Após a passagem de D. Meca, mãe de Eurípedes Barsanulfo, para o Plano Espiritual, em 29 de janeiro de 1952, em Sacramento-MG, ela retorna pelas mãos do médium psicógrafo Chico Xavier para transmitir orientações e carinho a seu filho Odulfo.

Na cópia da comunicação que temos em mãos, não há data ou título, mas, como foi publicada no jornal *Nova Era,* de Franca, no mês de maio de 1952, e, como D. Meca desencarnou em fins de janeiro, deduz-se que Chico recebeu as palavras da comunicante pouco tempo depois do desenlace.

Mas antes vamos conhecer um pouco da vida da mãe de Eurípedes.

D. Meca nasceu em 11 de outubro de 1859, desencarnando, portanto,

D. Meca, mãe de Eurípedes Barsanulfo.

com a provecta idade de 93 anos. Conta-se, que até seus últimos momentos, subia com dificuldade as escadarias do Grupo Espírita "Esperança e Caridade", fundado por Eurípedes, para participar das reuniões espirituais ali realizadas, muito embora não saísse de sua casa nem para visitar os filhos.

Foram seus pais, João Pereira de Almeida e Cândida Rosa de Jesus, e seu nome de batismo Jeronyma Pereira de Almeida.

O livro *"Eurípedes,o Homem e a Missão"*, de Corina Novelino, traz o interessante relato de sua conversão ao Espiritismo, que reproduzimos aqui:

Quando Eurípedes se converteu ao Espiritismo, D. Meca fora-lhe ao encontro, como embaixatriz do marido, a fim de demover o filho daquela loucura.

Católica praticante fervorosa, embora não pudesse frequentar a igreja por causa de suas crises, pois tinha "visões" durante os ofícios religiosos, o que a levava aos desmaios. As autoridades da Paróquia local, em vista dessas ocorrências desagradáveis, permitiam-lhe a efetivação de suas preces em casa.

Por tais motivos, a generosa mãe de Eurípedes não se conformava com a situação, ao ver o filho seguir a orientação religiosa diferente da sua.

Contudo, ao ser admoestado pela mãe, Eurípedes lhe daria o esclarecimento norteador, com que justificava a convicção nova.

Por duas horas, D. Meca recolhera revelações maravilhosas, que a surpreenderam e a deslumbraram.

O Espiritismo era, então, coisa bem diferente das versões correntes provindas de negadores inscientes dos princípios salvadores da grande Doutrina combatida.

Junto ao marido, ao declarar-se espírita, D. Meca elucida com alegria: "Meu filho convenceu-me. O Espiritismo não é Doutrina de loucos, mas de salvação.

Meses depois, Eurípedes alcança a grande meta, que durante três décadas engrandeceu as esperanças de seu coração: a cura da mãe idolatrada.

Os acessos originavam-se da atuação de um espírito, que a acompanhou naqueles anos de sofrimentos para toda a família.

Devidamente orientado por Eurípedes, e não encontrando mais condições de operar os seus infelizes propósitos, pois D. Meca passou a oferecer também as resistências mais valiosas por meio do serviço ao lado do filho, no campo da assistência a enfermos, como médium curador de soberbo potencial, o infeliz irmão empedernido nas inglórias investidas do mal, retira-se, finalmente vencido pela luz do Amor.

Todavia, banhado pelo acontecimento, achava-se apto a empreender sua caminhada rumo à reestruturação educativa.

Desde o desencarne do marido, em 1924, D. Meca passou a ocupar o quarto de Eurípedes, falecido em 1818, e sua cama metálica. À janela, floreiras eram cultivadas com carinho para manter o local em que o filho viveu adornado e alegre com o colorido das rosas, margaridas e copos-de-leite.

Nunca é demais falarmos também de Eurípedes Barsanulfo, o grande médium mineiro do começo do século XX.

Eurípedes nasceu em 1º de maio de 1880 e desencarnou em 1º de novembro de 1918. Católico sincero no princípio de sua existência, tornou-se espírita em 1905.

Fundou o Grupo Espírita Esperança e Caridade em 1906 e o Colégio Allan Kardec em 1907. Foi vereador durante seis anos, concorrendo eficientemente para dotar Sacramento de energia elétrica, água e outras benfeitorias.

Autêntico apóstolo de Cristo, leigo em medicina, assombrava a todos com suas curas por meio de passes, de água fluidificada e de homeopatia, a tudo fazendo sem cobrar um ceitil de quem quer que fosse.

O jornal *A Semana*, de Sacramento, de 1º de maio de 1929, descreve um de seus corriqueiros casos de cura:

As curas assombrosas realizadas por Eurípedes Barsanulfo quando possuía um corpo material e, mesmo depois de desencarnado, forçariam falsa e segura a sua beatificação e canonização, outro fora o credo que houvera seguido.

Contam-se aos milhares os fatos sensacionais verdadeiramente "milagrosos" no sentido de que a nossa ignorância não nos deixa perceber as causas que se movem por detrás dos efeitos fisiológicos.

Eurípedes Barsanulfo

Uma senhorita quase cega ia para São Paulo, e sempre solicitando do pai que não a levasse a Eurípedes. Diante da insistência que lhe pareceu misteriosa, levou-a a Sacramento, o que era fácil, pois, quase cega, não podia perceber, em Ribeirão Preto, se seguia para São Paulo ou voltava, via Franca. No meio de um milhar de pessoas, atendeu Barsanulfo ao pai aflito com o seu sorriso de Nazareno.

Sua filha não está cega, disse de repente sem que nada lhe fosse dito. Volta ao hotel (ele acabara de chegar e sua filha já o avistara). Depois darei a receita.

"É um charlatão!" pensou o homem. E voltou para o hotel. Porém, qual foi o seu espanto quando ao apontar, na rua do hotel, a filha, da janela, gritou-lhe alegremente: "Lá vem papai".

Eis a comunicação de D. Meca, psicografia de Chico Xavier, em abril de 1952:

Odulfo, meu filho.
Deus te abençoe.
Com o auxílio divino alcancei a praia segura da paz depois de minha longa viagem na Terra.
O tempo arrancou do vaso do meu coração todas as raízes de apego às sombras do mundo e, por isso, não sei como testemunhar meu reconhecimento a Jesus, que me permitiu a permanência no corpo da carne, por quase um século de trabalhos incessantes.
Nosso lar está se reconstituindo na vida espiritual.
Eurípedes, Eulice, Eulógio, Venefreda e seu pai, juntos de mim, em companhia de outros familiares queridos, regozijam-se pelas bênçãos que temos recebido.
Escreve de minha parte, a Sacramento, dizendo a todos do agradecimento e do júbilo da velha amiga que regressou.
A ternura com que acompanharam no fim da luta, comoveu-me até as lágrimas.
Humilde Serva do Senhor, eu não merecia tantas manifestações de carinho e apreço.
Mas peço a Jesus e ao nosso Agostinho que recompense a meus filhos, a meus netos e a todos os amigos inolvidáveis daquele abençoado recanto de fraternidade pela dedicação com que me assistiram.
Agora, em plena vida espiritual e ainda vacilante, como a ave que se demora por muitos anos dentro do ninho, rogo a vós que façais do Espiritismo Caridade, a bandeira de luz para todos os instantes da vida na Terra.

Tudo passa, meu filho. O bem, contudo, é eterno e se incorpora à nossa alma para que, por amor à Verdade, estimaria poder voltar e servir com mais fervor e mais intensidade a nossa gloriosa doutrina. Dize a todos os nossos que me encontro feliz, porque a minha saudade é esperança e porque a minha dor, agora, é uma certeza bendita, de que todos nos reuniremos, de novo, um dia, no Grande Lar, sem separação, sem amarguras e sem morte.

Agradeço as preces e os pensamentos de amor com que me amparaste, e abraçando-te com todo o meu reconhecimento e com todo o meu carinho de mãe, rogo a Deus que nos proteja e nos abençoe.

Meca

FONTES: *Eurípedes, o Homem e a Missão*, Corina Novelino; *Grandes Vultos do Espiritismo*, Paulo Alves Godói; Revista *A Centelha*, maio e junho de 1952; jornal *A Semana*, de 1º de maio de 1929.

Túmulo de Eurípides Barsanulfo em Sacramento

União Evolucionista Cristã

Vários confrades militantes do movimento espírita foram entusiasmados pela política. Apesar das controvérsias sobre "trazer a política profana para dentro das Casas Espíritas", o fato é que houve muitos que foram sinceros e idealistas em torno de suas militâncias política e religiosa, começando esta lista por Bezerra de Menezes, nos idos tempos do século XIX e, só para citar os mais recentes de São Paulo, Campos Vergal, Freitas Nobre, Castro Carvalho, Emílio Manso Vieira, Castro Neves e outros, que não se aproveitaram do movimento espírita como massa de manobra, mas que levaram sua vivência espírita para a vida pública.

No final de 1950, um grupo seleto de espíritas começa a se reunir para "fundarem uma entidade cívica destinada a orientar os espíritas no tocante aos seus sagrados deveres para com a Pátria". Já em meados do ano seguinte, aderiram ao grupo inicial confrades de outros Estados, reforçando o caráter de seriedade da proposta.

Em 29 de agosto de 1951, dia do nascimento de Bezerra de Menezes, foi fundada, na Rua Riachuelo 275, a *União Evolucionista Cristã*, que elegeu em 22 de setembro sua primeira diretoria. A sede provisória da entidade recém-fundada estava localizada na

Deputado Euclydes Castro Carvalho, defensor da Rádio Piratininga e frequentador da União Federativa Espírita Paulista, quando recebia a Comenda "Val de Grace", concedida pelo Governo Francês pelos serviços relevantes na área da medicina prestados àquele país. A Cerimônia foi na Assembleia Legislativa de São Paulo, em 1963, e veem-se em primeiro lugar os Deputados Salomão Jorge, Mário Beni e Nelson Fernandes.

Av. São João 108, e para Presidente de Honra foi escolhido o Dr. Arthur Lins de Vasconcellos.

Foram distribuídos milhares de opúsculos com os Estatutos e finalidades da nova Instituição para espíritas, não espíritas, autoridades e enviados para o exterior, que pretendia trabalhar para eleger profitentes da Doutrina Espírita em todo o Brasil e "formar um partido político com ideais espírita-cristãos, impedindo, assim, que os nossos representantes nos Congressos se vejam cerceados pela disciplina partidária dos demais partidos políticos que, sem exceção, jamais terão nosso desprendimento, idealismo, compreensão real de suas finalidades e espírito de servir. Desapareceria o inconveniente de, votando em chapas com candidatos nossos, eleger candidatos contrários à nossa Doutrina, como se dá atualmente. Eleger-se-iam de início, no Brasil, centenas de representantes estaduais e federais (...)".

Ingênuos ideais de nossos irmãos do passado... a ideia não perdurou por muito tempo, os próprios espíritas não tinham a unidade que imaginavam ter para levar adiante uma estrutura nacional como esta. Os conflitos doutrinários sempre abafavam ideias de união em torno de temas polêmicos como o político-social, mas, se tivesse vingado, quem sabe não teríamos um país mais estável e fraterno nos dias de hoje?

Quando a Instituição completou dois anos, Eurípedes de Castro, um dos mais entusiasmados confrades com a ideia, visita Chico Xavier em Pedro Leopoldo e pede orientação espiritual sobre o projeto. Ao que vemos na resposta de Emmanuel, este não demonstra o mesmo entusiasmo do grupo organizador da *União Evolucionista Cristã*.

Pedro Leopoldo, 3 de outubro de 1952

Uma palavra, se possível, a respeito da *União Evolucionista Cristã*, entidade cívico-doutrinária que procura encontrar a consciente tomada de posição político-social de espíritas no Brasil.
Resposta de Emmanuel
Meus amigos, muita paz.

Acreditamos que a nossa função, em nos comunicarmos convosco, será sempre a de cooperar, num convênio ativo de boa vontade, com os nossos irmãos encarnados, em favor da vitória do Bem. Nesse sentido, cabe-nos louvar todas as iniciativas que guardam a felicidade coletiva por meta essencial, uma vez que, colaborando, segundo cremos, na melhoria da unidade individual, em nossa tarefa de esclarecimento evangélico, devemos contribuir no engrandecimento do Todo.

Deputado Francisco Carlos de Castro, ex-Presidente da USE, recebendo condecoração na Assembleia Legislativa do Estado de São Paulo.

Assim sendo, embora não seja lícito a nós outros, os espíritos que vos precederam na grande viagem da verdade, a interferência indébita em vossas realizações na ordem política, em razão do organismo público de administração exigir a livre manifestação do homem de passagem na Crosta da Terra, admitimos que aos espiritistas cristãos cabe o direito de participação nos serviços direcionais da vida pública, desde que lhes competem à frente da Doutrina, esclarecendo, pois, que só nos resta exaltar o trabalho do Bem infinito, nos variados setores em que se manifesta, com os nossos sinceros votos pelo triunfo vivo dos nossos companheiros que atualmente se consagram à plantação do Evangelho nos arraiais da política nacional.

Atentos aos compromissos de cristianização do homem, a partir de nossa própria renovação íntima, sob os padrões de Jesus, pedimos a bênção do Altíssimo para que nós todos, acima de tudo, POSSAMOS BUSCAR O NOSSO DEVER BEM CUMPRIDO.

Emmanuel

Associação das Senhoras Cristãs de Jaú

No dia 18 de abril de 1952, a Diretoria da Associação das Senhoras Cristãs de Jaú, de orientação espírita, foi visitar Francisco Cândido Xavier em Pedro Leopoldo e recebeu a bela mensagem de incentivo que transcrevemos a seguir. A Associação surgiu da ideia de se criar um Lar de Crianças, o que realmente se concretizou, e, conforme esclarece Emmanuel, esteve sempre sob proteção da Espiritualidade Superior.

O Lar foi criado em 1º de março de 1947; a Pedra Fundamental, colocada em 1950; e a inauguração, após muito esforço das associadas, deu-se em 23 de dezembro de 1956. A Diretoria fundadora era formada por: Rosa Maciel Fagnani, Presidente; Rosa de Mattos Perlatti, Vice-Presidente; Olívia Acayaba Correa, 1ª Secretária; Conchetta Mônaco Carboni, 2ª Secretária; Branca Musegante, 1ª Tesoureira; Iglantina da Silva Bojikian, 2ª Tesoureira.

Foto de 1945, mostrando Romeu Muzegante, Concheta Mônaco Carboni, professores da Mocidade Espírita e alunos do Centro Espírita "Verdade e Luz" de Jaú, de onde surgiria o embrião para a criação do Lar das Crianças.

Mensagem de Emmanuel:
Minha irmã, muita paz.

Trabalhar pela formação evangélica da nova mentalidade na Terra, semeando na mente infantil os grandes princípios que regerão o futuro, é tarefa das mais dignas e das mais santificantes.

Ser mãe no campo biológico da humanidade é exercer nobre mandato, mas ser mãe de filhinhos alheios é esposar apostolado sublime.

Amparemos a plantação de agora, a fim de que a colheita do Bem e do Amor seja farta depois.

Não lhe faltará, em companhia de nossas irmãs que consigo que assumem as responsabilidades do empreendimento, os suprimentos de energias e recursos da Providência Divina.

Jesus acompanhar-nos-á à edificação do lar em que as crianças sem arrimo encontrarão conosco o teto, o agasalho, o pão, a educação, a assistência e o carinho. E que possamos, todos nós, seguir os passos do Mestre, na mesma renunciação em seu mistério de amor infinito, são os votos do irmão e servo humilde.

Emmanuel

RELAÇÕES INTERPLANETÁRIAS

No início da década de 1950, com o surgimento das mensagens de Ramatis, psicografadas pelo médium Hercílio Maes, falando da vida no Planeta Marte e, outras, abordando a presença de seres inteligentes em vários planetas, ensejou muitos debates entre os espíritas sobre a espetaculosidade das afirmações do Espírito e a veracidade ou não das mesmas. Emmanuel também desejou trazer a sua opinião sobre o assunto e psicografou esta interessante mensagem, nunca publicada em livro e que extraímos da *Revista Internacional do Espiritismo* de 15 de novembro de 1955.

Meus amigos,
O Espiritismo – renascença do Espelho de Nosso Senhor Jesus Cristo – é uma Doutrina Racional, sem quistos dogmáticos que lhe deformem o corpo de revelações simples e puras, brilhando por luminoso caminho de aperfeiçoamento das almas e assimilando, sem resistência, todas as conquistas filosóficas e científicas da Humanidade.
No campo de nossos postulados, reconhecemos a Terra como singelo degrau evolutivo no Sistema Solar, em que nos integramos,

nosso precioso domicílio cósmico que, por sua vez, empalidece, quase insignificante, quando confrontado com os largos domínios do Universo, além da Galáxia, em que a Vida Infinita nos situa o aprendizado.

Não ignoramos, assim, que outros mundos enxameiam no espaço, revelando a Sabedoria do Criador, e que outras Humanidades evoluem no rumo da perfeição, qual acontece conosco, através do trabalho e da experiência.

Semelhantes conclusões, a nosso ver, todavia, agravam as nossas responsabilidades no serviço que devemos ao Mundo, porque qualquer conquista da Terra no campo de relações interplanetárias não modificaria o quadro inquietante de nossas necessidades morais, junto ao qual compete o incessante esforço da educação, para que se intensifiquem e aperfeiçoem as relações espirituais entre a plenitude de Cristo e a carência dos Homens.

Cabe-nos, pois, tão somente, por agora, a vós outros e a nós, trabalhadores encarnados e desencarnados, o árduo ministério de nossa própria reforma íntima com o bem infatigável a nossos semelhantes, nos padrões de Jesus, a fim de que o reino do Amor se estabeleça na Terra, habilitando-nos à comunhão com os Planos Superiores.

Desse modo, segundo cremos, qualquer manifestação próxima ou remota dos habitantes de outros planetas, em nosso Globo, não pode alterar o nosso programa de trabalho, uma vez que a nossa missão é estritamente espiritual, não obstante abranger, como é justo, qualquer estudo digno em torno de problemas que nos firam a marcha.

Somos operários do espírito, colaborando na edificação do mundo novo, a começar pelo aprimoramento de nós mesmos, sob a inspiração do Cristo, nosso Divino Mestre.

Essa é a nossa glória maior.

Não seria, pois, razoável, desertar do nosso setor de ação edificante para substituir astrônomos e estadistas na esfera de observação e de luta que se lhes descerra à inteligência na ordem material.

Estejamos firmes na obra silenciosa e redentora que nos cabe realizar sob a égide do Senhor, porque, de outro modo, estaríamos menosprezando os "talentos da oportunidade" de nossa cooperação no Evangelho, convertendo o santuário de nossos princípios em mais de um dos pontos conturbados de conflito humano, dentro dos quais a indagação muitas vezes desorientada e insensata, reclama a luz da verdade sem o concurso do tempo através da perturbação e do estardalhaço sem razão de ser.

Emmanuel

(Página recebida pelo médium Francisco Cândido Xavier na reunião pública da noite de 26 de novembro de 1954, em Pedro Leopoldo/MG)

Emmanuel, mentor espiritual de Chico Xavier.

Convicção do Espírito

Deputado Campos Vergal

Romeu de Campos Vergal (2/5/1903 - 23/7/1980) foi um dos espíritas mais atuantes no Estado de São Paulo, tendo sido Deputado Estadual (1935-1937) e Federal em várias Legislaturas, de 1946 a 1970. Político e espírita intimorato, ingressou bastante jovem no Espiritismo, participando de vários movimentos de propaganda da Doutrina, principalmente como privilegiado orador.

Em data exata que não conseguimos precisar, provavelmente entre 1950 e 1955, Campos Vergal, acompanhado de outros confrades, esteve em Pedro Leopoldo visitando Chico Xavier e recebeu esta mensagem, certamente ligada a seu trabalho de legislador, no qual deveria estar empenhado em alguma causa favorável à condição das mulheres. A sabedoria contida nas palavras de Emmanuel convida-nos a meditar o assunto.

Meus Amigos, muita Paz.

Espiritismo, em verdade, não é um sistema de promessas para a beatitude celestial. É realização do Bem, do Céu na Terra, serviço libertador de consciências e corações para hoje, aqui e agora. Congregados na mesma edificação, sentimo-nos felizes identificando-lhes o sadio propósito de concretizar os ideais divinos, no círculo das experiências humanas. Nossa fé, em tempo algum, deve circunscrever-se ao incenso adorativo, porquanto, em substância, é luta digna por um mundo melhor e por criaturas mais felizes, estendendo-se de nossas convicções mais íntimas aos nossos atos mais insignificantes. E por relacionarmos semelhantes imperativos dos princípios redentores que nos irmanam. Cabe-nos o prazer de insistir com o nosso irmão Romeu Campos Vergal, que partilha conosco esta meta de espiritualidade no sentido de preservar em sua expressiva tarefa junto da mente feminina, à luz do Espiritismo santificante.

Permanecemos à frente de um mundo necessitado e o campo de serviço requisita compreensão e atividade sem tréguas em benefício da paz. A política internacional não modificou seus quadros de luta, e o espírito de hegemonia domina, infelizmente, os que governam, quase tanto quanto há dois mil anos, em que a sociedade humana se dividia entre os dominadores possíveis de hoje e as vítimas prováveis de amanhã, nos incessantes espetáculos de ruína e de sangue.

Não obstante os entendimentos diplomáticos e, apesar da mensagem respeitável dos pensadores dignos, a dolorosa realidade não pode ocultar-se aos mais avisados de raciocínio. De armas ensarilhadas, tão somente legiões compactas organizam-se vagarosamente para novos embates. Como cogitar uma paz duradoura sem as bases da concórdia espiritual? Em que alicerces pavimentar os programas da ordem se a revolta domina, se a insegurança prevalece, se a desesperação campeia em todos os climas? Impossível arregimentar elementos para o edifício da cooperação mundial, embora nosso dever é de respeito a todas as organizações veneráveis que objetivem a união da família humana, sem a construção da paz espiritual, fruto espontâneo do entendimento superior do homem no campo da vida.

Deputado Campos Vergal, discursando para confrades espíritas.

Defrontados por tremenda crise de caráter em quase todas as regiões do globo, urge renovarmos o roteiro da fé libertadora e esperança que nos reanime a consciência e fortaleça o coração para consentimentos indispensáveis. Não julguem que os desencarnados, de cuja sorte partilhamos permaneçam, a distância dos enigmas que ensandecem a mentalidade do mundo. A morte não nos exonera da responsabilidade perante a nossa realização, que é o Orbe Terrestre. Dividimos o serviço restaurador e velamos como todos, na marcha de reajustamento compartilhando alegria e dores, expectativas e desenganos. Leis eternas traçam-nos obrigações de reciprocidade nos círculos evolutivos em que nos movimentamos e, ainda que o poder humano nos desintegre a morada material que hoje lhes obriga a experiência corpórea, nem por isso estaríamos libertos do dever que nos irmana uns aos outros, em torno da ordem divina.

Cooperamos, assim, na extensão do Espiritismo salvador, reconstruindo o santuário da crença que os dogmas destruíram.

Combatamos, em nós mesmos, à sombra do exclusivismo, para que a universalidade nos enriqueça os sentimentos de mais luz para a vida eterna.

E, nesse sentido, meu amigo, socorrer a mulher, conferindo-lhe os poderes dignos de uma destinação, na qualidade de doadora da vida, é esforço sagrado que as forças divinas abençoarão em sua estrada de missionário consagrado ao supremo Bem.

O pensamento religioso é o curso da introdução à espiritualidade sublime. Em suas classes numerosas, é possível organizar proveitosas portas reveladoras da vida, a filosofia coordenar-nos-á os esforços, sincronizando-os quando é necessário, mas a religião traçar-nos-á os caminhos verticais de acesso aos suprimentos divinos. Lutemos, sim, contra as genuflexões de trabalho digno pelo planeta redimido, mas conduzamos o coração feminino aos mananciais dos recursos celestes, para que nossa compreensão facilite a humanidade.

O mundo sempre esteve repleto de guerreiros dominados pela sede de hegemonia e destruição dos mais fracos; entretanto, semelhantes caracteres, futuros geradores de violência, não surgiriam sem mães belicosas afastadas provisoriamente do ministério que lhes assinala os passos na Terra. Os frutos correspondem à natureza das árvores. As águas trazem requisitos indiscutíveis das fontes em que nasceram. Esclarecer a alma feminil, erguendo-a ao altar do entendimento superior que lhe compete, é renovar a seiva da vida humana. Ajudemos, em vista disso, a mulher, para que a semeadura de flores do amor não se transforme periodicamente em colheita de lágrimas. As jardineiras da experiência humana agradecer-lhe-ão o serviço nobre, o concurso desinteressado e nobilitante.

E não suponha que as organizações do Mais Alto permaneçam distraídas de seu programa bendito de fraternidade e de luz. Unidos ao seu esforço incansável, abnegados companheiros da esfera superior lhe acompanham a ação e regozijam-se com a coragem e com a fé viva impressas em seu mandato espiritual.

Prossigamos cooperando na doutrina que console e levante, que conforte e movimente a vida, que abrace o sofredor e lhe indique serviço a fazer, que aponte o céu, mostrando, em seguida, as necessidades da Terra para solucioná-las com amor e dedicação. Não fomos chamados pelo Supremo Poder para a crença inoperante e exclusivista. À frente de nossos olhos, todos os quadros humanos, ainda mesmo os mais deploráveis, constituem apelos ao serviço santificador. Em todos os caminhos há levitas interessados em convenções e companheiros que choram relegados à dificuldade ou ao abandono como o desventurado da parábola. Os bons samaritanos, porém, são ainda raros e não haverá trabalho verdadeiramente salvacionista sem eles.

Que a sabedoria divina nos conceda a graça de incorporarmo-nos à fileira reduzida, e que nossas mãos não descansem no labor sublime do Bem. E que a sua palavra e a sua ação, o seu ideal e a sua fé permaneçam constantemente, como vem acontecendo a serviço da Terra melhor, é o desejo do amigo e servo humilde.

Emmanuel

POESIA E SAUDADES ENTRE DOIS MUNDOS

Em 1972, este autor conheceu e começou a frequentar o lar de Chico Xavier em Uberaba/ MG junto com o grupo de D. Yolanda César, uma mãe que iniciou suas visitas ao médium após perder seu filho Augusto César precocemente. As viagens tornaram-se mensais e, por mais de dez anos, tivemos aquele convívio gostoso e cheio de aprendizado com o médium mineiro. Na maioria das vezes, em meu automóvel tinha por companheiros de estrada pais que perderam filhos e que desejavam ardentemente se encontrar com o Chico, buscando haurir consolo para seus corações machucados. Em outras ocasiões, misturavam-se pais e dirigentes espíritas de São Paulo como Jô, Bissoli, Erminda Gnocchi, Mercedes, Sponda Iracy Karpáti e outros. Foram dias memoráveis aqueles! Viagens que se iniciavam com as lágrimas furtivas ou abundantes desses pais e que terminavam no fim da Via Anhanguera cheias de sorrisos, comentários alegres, esperanças e perspectivas de uma vida nova. Pais que perdem filhos nunca deixam de sentir saudades e de ter seus dias chorosos de recaída, porém, o consolo e a esperança que a Doutrina Espírita lhes reserva, transformam suas vidas e lhes devolve a alegria de viver e a certeza de que não perderam seus filhos, senão, apenas se separaram temporariamente e um dia será o de reencontro.

Chico Xavier, em foto recente, com a confrade Iracy Karpáti.

Mas não é de pais que perderam filhos que gostaríamos de lembrar no momento, mas de filhos que perderam pais, num gostoso e gratificante caso que vivenciamos com um casal de passageiros de nosso carro, dirigentes de uma Casa Espírita em Santos/SP. Como perdemos o contato com eles e, por tratar-se de um caso familiar, omitiremos seus nomes, mas não os fatos.

Durante o trajeto de ida no dia 27 de setembro de 1976, nossa amiga, que chamaremos ficticiamente de Neusa, dizia estar sentindo a presença da mãe desencarnada e uma forte vontade de lhe dedicar uma poesia. Então, ali no veículo mesmo, fez uma pequena e amorosa quadra para a mãezinha:

> Hoje te busco constante,
> Meus olhos vagando ao léu,
> Procuro-te ao longe, distante,
> Brilhando entre os Astros no Céu.

Em Uberaba, nas famosas consultas individuais que Chico psicografava durante os trabalhos espirituais, Neusa colocou o nome da mãe e a quadrinha que houvera feito na viagem e recebeu uma linda resposta também em versos:

> Para as mães na luz sem véu,
> Quanta festa brilha em vão?
> Teu coração é o meu céu,
> Filha do meu coração!

Maria

Mas a festa de luz e poesia haveria de continuar. Durante a psicografia dedicada às comunicações dos mentores na reunião, Maria voltou para dizer à filha querida:

> Uberaba! Quanto anseio!
> Quanta saudade pungente!
> Esperanças de permeio,
> No meio de tanta gente!
>
> Corações angustiados,
> Lembram apelos mudos,
> Frementes, esperançados,
> Por notícias de outros mundos.
>
> Porém, os desencarnados,
> Com a palavra que aprimora,
> Vêm mostrar aos seus amados
> O limiar de uma nova aurora.
>
> Saudades em gotas rolando,
> São mananciais de luz
> Em esperanças mostrando
> Que o caminho é Jesus!
>
> *Maria*

Emocionada ao ler com mais atenção, no hotel, o diálogo que se estabelecera entre mãe e filha nos dois mundos por meio da poesia, Neusa retrucou:

> Se a dor te tortura a alma,
> Agradece, mãe querida,
> A chuva é bênção que acalma
> Toda terra ressequida
> *Neusa*

Chico Xavier, que não estava sabendo desse diálogo entre as poetisas, apenas psicografara as mensagens da mãe desencarnada, convidou-nos, como sempre o fazia, para uma reunião reservada em sua casa, no sábado pela manhã, quando psicografava habitualmente mensagens de parentes desencarnados. Qual não foi nossa surpresa, quando D. Maria, certamente atenta na Outra Dimensão da Vida às respostas em poesia da filha, mais uma vez lhe dirige ternas palavras em versos:

Perfumes pairam no ar,
Suave é o primor da fonte,
É Jesus a nos lembrar
Que a caridade é a ponte.

Busca a dor em toda a parte,
Acalenta os pequeninos
E da tua mesa reparte
O pão com os peregrinos.

Maria (28.9.1976)

No domingo, em nosso retorno a São Paulo, com a emoção ainda pairando no ar, Neusa não resiste e a veia poética extravasa o sentimento que lhe enchia o coração pelos júbilos alcançados naquela viagem e traçou esses últimos versos:

Manhã radiosa, hosanas!
Vibram no ar emoções,
Clarinadas e campanas
Ressoam nos corações.

Jesus é o nosso caminho,
A dor é o nosso aguilhão,
O sofrimento é o cadinho
Temperando o coração.

Neusa (29.9.1976)

E assim terminou mais uma jornada de amor junto a Chico Xavier, a quem agradecemos sempre a amizade compartilhada e os momentos de felicidade que nos proporcionou em tantas ocasiões.

Série "Chico Xavier"

Chico Xavier e Isabel, a Rainha Santa de Portugal – Eduardo Carvalho Monteiro

Mensagens de Além-Túmulo – Luciano Klein Filho, Marcus V. Monteiro, Rogério Silva

Tudo Virá a Seu Tempo (Elcio abraça os Hansenianos) – Eduardo Carvalho Monteiro, psicografia de Chico Xavier, Espírito de Elcio Tumenas

MADRAS® Editora — CADASTRO/MALA DIRETA

Envie este cadastro preenchido e passará a receber informações dos nossos lançamentos, nas áreas que determinar.

Nome _____
RG _____ CPF _____
Endereço Residencial _____
Bairro _____ Cidade _____ Estado ____
CEP _____ Fone _____
E-mail _____
Sexo ❑ Fem. ❑ Masc.   Nascimento _____
Profissão _____ Escolaridade (Nível/Curso) _____

Você compra livros:
❑ livrarias   ❑ feiras   ❑ telefone   ❑ Sedex livro (reembolso postal mais rápido)
❑ outros: _____

Quais os tipos de literatura que você lê:
❑ Jurídicos   ❑ Pedagogia   ❑ Business   ❑ Romances/espíritas
❑ Esoterismo ❑ Psicologia ❑ Saúde   ❑ Espíritas/doutrinas
❑ Bruxaria   ❑ Autoajuda   ❑ Maçonaria   ❑ Outros:

Qual a sua opinião a respeito dessa obra? _____
_____

Indique amigos que gostariam de receber MALA DIRETA:
Nome _____
Endereço Residencial _____
Bairro _____ Cidade _____ CEP _____

Nome do livro adquirido: **Chico Xavier Inédito**

Para receber catálogos, lista de preços e outras informações, escreva para:

MADRAS EDITORA LTDA.
Rua Paulo Gonçalves, 88 – Santana – 02403-020 – São Paulo/SP
Caixa Postal 12183 – CEP 02013-970 – SP
Tel.: (11) 2281-5555 – Fax.:(11) 2959-3090
www.madras.com.br

MADRAS® Editora

Para mais informações sobre a Madras Editora, sua história no mercado editorial e seu catálogo de títulos publicados:

Entre e cadastre-se no site:

www.madras.com.br

Para mensagens, parcerias, sugestões e dúvidas, mande-nos um e-mail:

marketing@madras.com.br

SAIBA MAIS

Saiba mais sobre nossos lançamentos, autores e eventos seguindo-nos no facebook e twitter:

@madrased

/madraseditora